I Love♡ You の訳し方

著　望月竜馬／絵　ジュリエット・スミス

まえがき　*prologue*

〝I Love You〟あなたなら、どのように訳しますか？

日本でもっとも有名な文豪のひとり、夏目漱石。旧千円札の肖像だったことでも知られています。彼はかつて、英語教師をしていました。

ある日、生徒のひとりが〝I Love You〟を「我君ヲ愛ス」と訳しました。すると漱石は「日本人がそんな台詞を口にするものか。『月が綺麗ですね』とでも訳しておけ。それで伝わるものだ」と言った、そんな逸話があります。

同様に、小説家の二葉亭四迷が〝I Love You〟を「死んでもいいわ」と訳した話も、漱石との対比としてよく挙げられます。いずれも都市伝説のようなもので、彼らが本当にそんなことを言ったのかどうか定かではありません。しかし、「彼らなら本当にそんなことを言ってもおかしくない」。誰もがそう思ったからこそ、これらのエピソードは伝説のように語り継がれているのではないでしょうか。

似たような意味の言葉がいくつも存在しているのが、日本語の大きな特徴であり、魅力でもあります。日本語は、時間や季節のうつろい、心情の変化に合わせて、細やかなニュアンスのちがいを使い分けることができるのです。さらに、使う人が変われば、表現の種類も無限大に広がってゆきます。

日々言葉に向き合っている作家たちなら、″I Love You″の一文をどのように表現するのか、知りたくありませんか? 本書では、小説や詩、手紙の中から、選りすぐりの100フレーズを五つのジャンルに分けて紹介してゆきます。取り上げた言葉に対しては、私の直感でコメントを添えています。同じ文章を読んでも、味わい方は人それぞれ。私のコメントに共感していただいてもいいですし、まったく別の読み取り方をしていただいても構いません。そのため、取り上げた文章の背景にある作品の解説は掲載しませんでした。「愛してる」なんて言葉を使わなくても、想いを伝えることはできるのです。100人の作家による100通りの″I Love You″の訳し方に酔いしれてみてはいかがでしょう。普段何気なく使っている日本語が、今よりもっと好きになるはずです。

Contents

Column

1 情熱的に
passionate

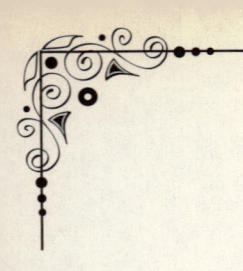

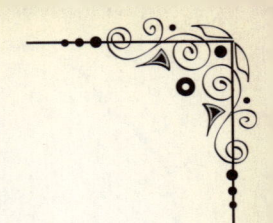

話したいことよりも何よりもただ逢うために逢いたい

竹久夢二

『竹久夢二、恋の言葉』（河出書房新社）より

逢いたい、
という気持ちは、
ため息のようにふっと漏れ出るものである。
なぜ逢いたいのか、
逢ってどうしたいのか、
そんなことさえわからないまま、
無性に、ひたすら、
逢いたくなるときがある。
恋をした人間の心境は不可解なものだ。

竹久夢二（たけひさ　ゆめじ）
1884年9月16日生まれ。
大正ロマンを代表する詩人、画家。岡山県出身。多数の美人画を発表し、「大正浮世絵師」「夢二式美人」と称される。ほか童話や歌謡など多くの分野で活躍。書籍の装幀や日用雑貨などのデザインにも才能を発揮した。夢二の創作に影響を与えた女性として「たまき」「彦乃」「お葉」の三人が有名。1934年没。

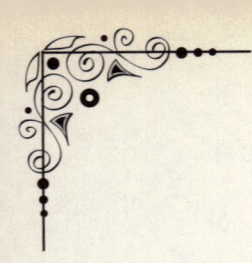

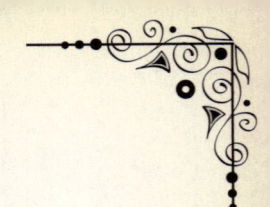

私がお前を愛するごとく、お前も私を愛するならば、
我々の恋を切り裂くナイフがあろうか

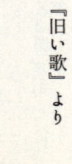

ラドヤード・キップリング

『旧い歌』より

なにかを得るためには、なにかを犠牲にする覚悟が必要だ。
それは時間かもしれないし、
お金かもしれないし、
周りの人間との関わりかもしれない。
なにかを犠牲にしてでも手に入れたい人がいるなら、
迷いなくその手を握りしめていればいい。

ラドヤード・キップリング
1865年12月30日生まれ。イギリスの詩人、小説家。インドのボンベイで幼年時代を過ごす。代表作のオオカミに育てられた少年の物語『ジャングル・ブック』は古典として有名。後世の文学に影響を与えた。1907年に史上最年少の41歳でノーベル文学賞を受賞した。1936年没。

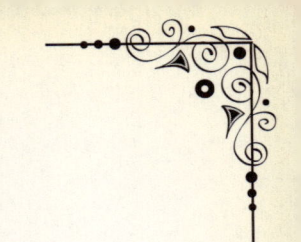

一番大事な女性（ひと）を手に入れるために、すべてを捨てた。
だから、僕に失うものがあるとすれば、それは君だけだ。
君だけは、失いたくない

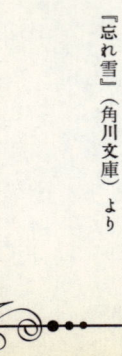

新堂冬樹

『忘れ雪』（角川文庫）より

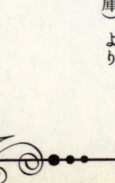

人生で持てる荷物の重さは決まっているのかもしれない。
欲しいものはあれこれと手を出してしまいたくなるけれど、
ひとつ残らず手に入れることなんて到底できない。
ときには、大切なものを手に入れるために、
別の大切なものを自ら手放す選択が必要となる。
大切なものを捨てるのは、とても勇気がいる。
仮に、すべてを捨てたところで、
手に入れられる保証がない場合は、なおさらだ。
今あるものを失うのが惜しくて、
なにもしないまま諦めてしまってはいけない。
きっと、後悔という一生捨てられない荷物を、
背負うことになるから。

新堂冬樹（しんどう　ふゆき）
1966年生まれ。大阪府出身。小説家、推理作家。1998年、『血塗られた神話』で第7回メフィスト賞を受賞してデビュー。2007年、芸能プロダクション「新堂プロ」を設立。2009年、『劇場版 虫皇帝』で映画監督デビュー。「裏社会」を描いたノワール小説を得意とする一方、清冽な純愛小説も描く。

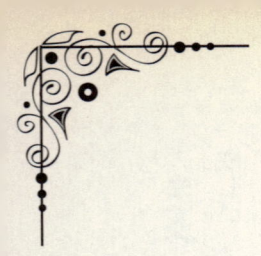

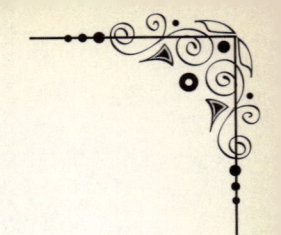

僕は愛する清さんの事になると全くの馬鹿になってしまう。僕はどうして居たらいいのだろう

内田百閒

『堀野清子へ宛てた手紙』より

「恋は盲目」という言葉がある。
愛する人の前に出ると、
どこかぎこちなくなってしまったり、
無闇に嫉妬して自分を見失ってしまったり、
やることなすこと空まわりしてしまったりする。
どんなにまっとうな人間でも、
急に自分が馬鹿みたいに思えてしまって、
どうすればいいのかわからず悩んでしまうのも無理はない。
けれど、仕方がないのだ、恋をしているんだから。
ムキになるのは、それだけ相手に真剣な証拠である。

内田百閒（うちだ　ひゃっけん）
１８８９年5月29日生まれ。随筆家、小説家。岡山市出身。夏目漱石に弟子入りし、後輩にあたる芥川龍之介などと親しく交流する。代表作に幻想短編小説『冥途』『旅順入城式』。独特のユーモアに富んだ随筆『百鬼園随筆』『阿房列車』『ノラや』なども名高い。16歳のとき、12歳の堀野清子に恋をして、後に結婚。１９７１年没。

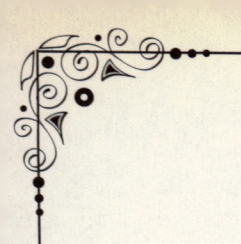

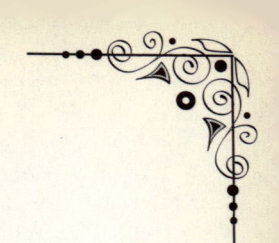

花でなく　小鳥でなく
かぎりない　おまえの愛を
信じたなら　それでよい
僕は　おまえを　見つめるばかりだ

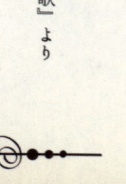

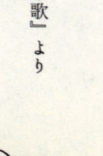

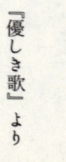

立原道造

『優しき歌』より

愛されているという事実が、
すべてをのみこんでしまうことがある。
どんなに美しい風景も見えなくなって、
どんなに美しい音楽も聴こえなくなって、
自分と愛する人とのあいだに介在するすべてのものが、
なにも意味をなさなくなるほどに……。
その人だけを見つめて、その人だけを信じて、
それだけで生きてゆけるような気がしてくる。
恋の前では、
人生のあらゆる問題など取るに足らないことなのだ。

立原道造（たちはら　みちぞう）
詩人。１９１４年7月30日生まれ。
詩人。東京出身。東京帝国大学建築科卒業。高校時代から堀辰雄に師事していた。堀辰雄の小説『菜穂子』に登場する青年は、立原道造をモデルとしている。主な作品に詩集『萱草に寄す』『暁と夕の詩』がある。１９３９年没。

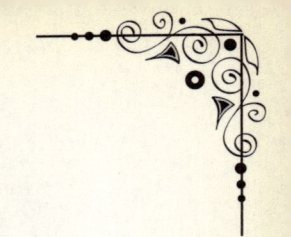

君と出逢ったこと。
——それが私の生まれた意味の全てで、生きた意味の全部

獄本野ばら

『ハピネス』(小学館)より

自分の生まれた意味を考えたことはあるだろうか。
そしてそれを見つけるまでに、
どれくらいかかるのだろう。
数年、数十年、
ときには死ぬまで見つからないかもしれない。
もし、「この人と出逢うために生まれてきたのだ」。
そんな風に思えることができたなら、
たとえその恋が終わってしまったとしても、
それは決して無駄ではないだろう。
一瞬だけでも、自分の生まれた意味を
見つけることができたのだから。

獄本野ばら（たけもと　のばら）
１９６８年1月26日生まれ。作家、エッセイスト。京都府宇治市出身。１９９０年代にはエッセイストとして活動していたが、２０００年、『ミシン』で作家デビュー。代表作『下妻物語』は映画化され、人気を博した。

あなた様なしには　私の今後の芸術は成り立ちませぬ
もし　あなた様と芸術とが両立しなければ
私は喜んで芸術の方を捨ててしまいます

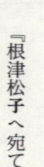

谷崎潤一郎

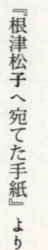

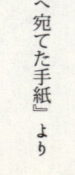

『根津松子へ宛てた手紙』より

誰にでも、一生をかけて成し遂げたい目標や、
心血を注いで取り組んでいる生きがいがあるだろう。
恋はときどき、その邪魔者になる。
かえって、恋のおかげで努力を厭(いと)わないこともある。
恋はいつも人生をあらゆる角度から、
支えたり、突き飛ばしたりするのだ。
ただ、その生きがいさえ揺るがす人がいるならば、
すべてを捨ててでも迷いなくそちらを選ぶべきだ。
運命は、努力では手に入らない
どうしようもないものだから。

谷崎潤一郎
（たにざき　じゅんいちろう）

1886年7月24日生まれ。小説家。東京出身。近代日本文学を代表する作家。「悪魔主義」「耽美主義」と称されることも多いが、高い芸術性を持ち、海外でも評価を得ている。代表作に『刺青』『痴人の愛』『春琴抄』『細雪』、現代語訳『源氏物語』など。根津松子は、谷崎の三人目で最後の妻。女人崇拝の対象であり、『細雪』の登場人物のひとり、幸子のモデル。1965年没。

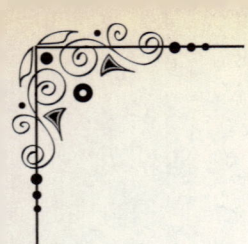

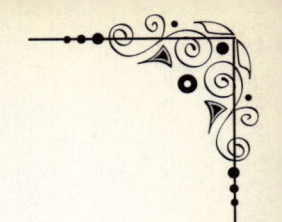

いつまでも俺の心は変わりはしない、
たとえ海という海が干上がろうと

ロバート・バーンズ

『赤い薔薇』より
（イギリス名詩選／岩波文庫）

結婚式で「永遠の愛」を誓った夫婦のうち、
一体何組が本当に死ぬまで愛しあうのだろうか。
未来のことは誰にもわからないから、
軽々しく永遠なんて言葉をつかうことには、
少しためらってしまうもの。
けれど、今、この愛を永遠にしたいと思うなら、
迷いなく人生をかけた約束をするべきだ。
永遠は結果ではない、自分で証明するものだ。
たとえどんな障害が訪れようと、
ふたりで乗り越えて、永遠にしてしまえばいいのだから。

ロバート・バーンズ
1759年1月25日生まれ。
スコットランドを代表する国民的詩人。スコットランド民謡の収集・普及に、大きく貢献した。彼の集めた民謡は、日本でも『蛍の光』や『故郷の空』などの原曲として親しまれている。
1796年没。

もう一度お逢いして、その時、いやならハッキリ言って下さい。私のこの胸の炎は、あなたが点火したのですから、あなたが消して行って下さい。私ひとりの力では、とても消す事が出来ないのです

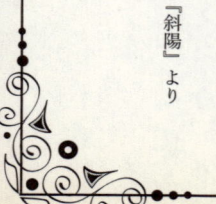

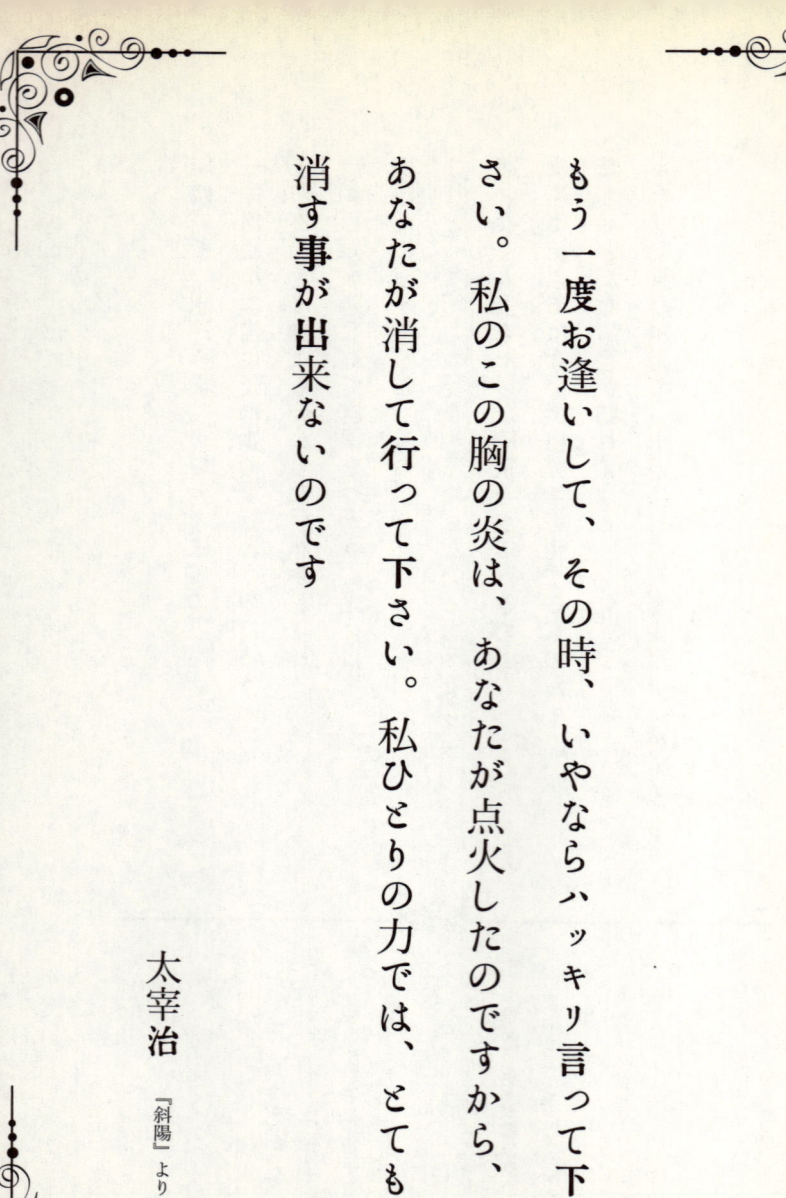

太宰治

『斜陽』より

たとえ「いやだ」と言われたところで、
恋はロウソクの炎のように
簡単に吹き消せるものではない。
火を点けられた本人はもちろん、
火を点けた相手であっても、
どうにも始末がつけられなくなることがある。
誰かのせいにしたところで、
焦げついた心が簡単に治せるわけではないし、
かえって火を点けた相手の方が怪我をすることすらある。
恋とはいつも責任のなすりつけあいなのだ。

太宰治（だざい　おさむ）

１９０９年6月19日生まれ。小説家。青森県出身。戦後に発表された『斜陽』は、没落した華族の女性が主人公。恋と革命に生きるその姿に、多くの読者が共感した。ほか代表作に『御伽草子』『津軽』『人間失格』など。１９４８年、愛人山崎富栄と東京・三鷹の玉川上水にて入水自殺。遺体が発見された6月19日は桜桃忌と名づけれ、今なお多くのファンが墓所に参拝する。

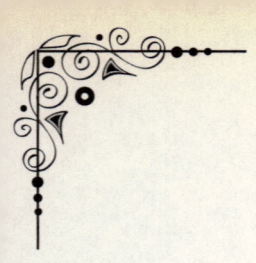

ありがとう、わたしのことを好きになってくれて

藤野恵美

『わたしの恋人』（角川文庫）より

幸せは、人を怠惰にする。
どんなに探し求めていたものでも、
一度手に入れてしまえば、いずれその価値に慣れてしまう。
満たされていると、人は危機感を忘れてしまうのだ。
だが、幸せとは、すでに完成されたものではない。
手に入れてから育ててゆくものだ。
感謝や愛情という栄養を与えなければ、
さびしさという日陰ですぐにしおれてしまうだろう。

藤野恵美（ふじの　めぐみ）
1978年生まれ。小説家。大阪府堺市出身。大阪芸術大学文芸学科卒業。2004年『ねこまた妖怪伝』で第2回ジュニア冒険小説大賞を受賞し、デビューする。児童文学やミステリー、恋愛小説など幅広いジャンルで活躍。

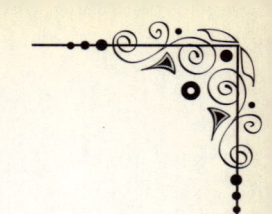

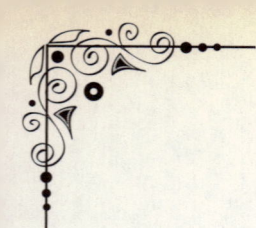

自分はもっともっときれいな子になってお蕙(けい)ちゃんの心をひきたい。そうして二人だけが仲よしになっていつまでもいっしょに遊んでいたい

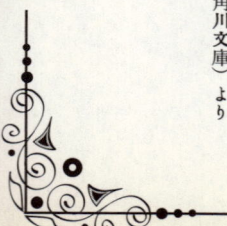

中勘助

『銀の匙』（角川文庫）より

恋は大人だけのものではない。
大人の恋なんて、
背伸びしあって、取り繕いあって、
笑顔の裏で泣いていたり、
涙の裏で微笑んでいたり、
複雑に仕組まれたサスペンスのようなものだ。
それに比べて、子供の恋は直情的だ。
気持ちを吐き出すことにためらいはないし、
ごくあたり前に、相手をひとりじめしたい、と考える。
大人であることを言い訳にして、
素直になることを怖がってはいないだろうか。

中勘助（なか　かんすけ）
１８８５年5月22日生まれ。作家、詩人。東京出身。夏目漱石に師事していた。１９１３年、自身の体験をもとに書かれた小説『銀の匙』を発表して認められる。小説ではそのほかに『提婆達多』『犬』などの作品がある。随筆や詩の分野でも高く評価される。１９６５年没。

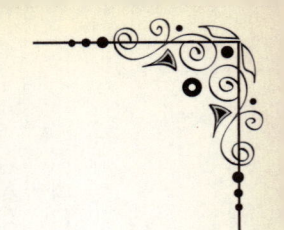

わたしたちのLifeを一つにするということに心から
御賛成下さるでしょうか。それともこのままの友情を——
唯このまま続けたいと御考えでしょうか

島崎藤村

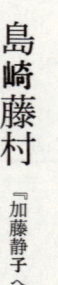

『加藤静子へ宛てた手紙』より

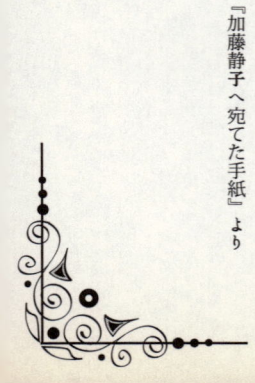

ふたりのあいだに確かな友情が存在しているとき、
それを失うことが怖いのは当然だ。
けれど愛が深まるにつれて、
ともに暮らしたいと考えるようになるのも仕方がない。
壊れることを怖れて曖昧な関係を続けていたら、
どちらかが長すぎる友情に痺れをきらしてしまうだろう。
友情には二種類ある。
もしそれが恋愛の通過点としての友情だったならば、
そこに永遠など存在しないのかもしれない。

島崎藤村（しまざき　とうそん）
　１８７２年２月17日生まれ。
詩人、小説家。岐阜県出身。『文學界』を北村透谷らとともに創刊し、詩や随想を寄稿する。１８９７年、初の詩集である『若菜集』を出版。小説家としては１９０７年に発表した『破戒』でその名を高めた。代表作に『新生』『夜明け前』などがある。
１９４３年没。

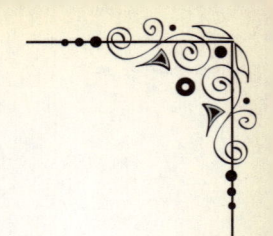

神様の名を呼ばぬ時は
お前の名を呼んでいる

八木重吉

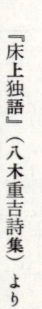

『床上独語』(八木重吉詩集)より

神様という目に見えない存在を、
ほとんどの人があたりまえのように意識して生きている。
どんな顔をしているのか、どんな声をしているのか、
見たことも話したこともないくせに、
苦しいとき、ふと、神様に祈ってしまうことがある。
そんな絶対的な存在を、
唯一くつがえすことができるとすれば、
それが愛する人なのかもしれない。
恋もまた、どんな色や、どんな形をしているのか、
見えないし、さわれもしないものだけれど、
人は人生の大半をそれに費やしてしまうのだから。

八木重吉（やぎ　じゅうきち）
　１８９８年２月９日生まれ。詩人。東京出身。１９２５年、英語教師をしながら詩集『秋の瞳』を出版する。病気のため１９２７年に死没したが、その後、二作目の詩集となる『貧しき信徒』が出版された。

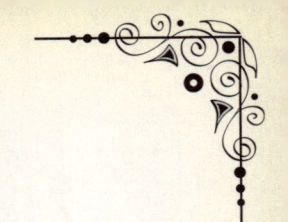

ぼくはどうしたってきみが好きだ。これはたしかなことだ。
絶対にいいことなんだ。だから、ぼくはきみを好きなよう
にする正当の権利がある

石川淳

『鷹』(ちくま日本文学全集)より

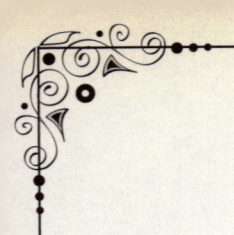

好きだという事実を客観視することはなかなかできない。
恋は主観によるものだからだ。
けれど好きだという気持ちを、
正しいものだと信じ込むことは必要かもしれない。
ただ、その気持ちが相手にとっても
絶対的な正義であるとは限らない。
相手の立場に立ってみるという
思いやりも忘れてはならない。
その上で、最後にはやはり自分自身が信じてやることだ。
そうでないと、ただでさえ迷っている心の、
行き場がなくなってしまう。

石川淳（いしかわ　じゅん）
1899年3月7日生まれ。
小説家、翻訳家、文芸評論家。
東京出身。1935年、『佳人』
により作家としてスタートを切
る。1937年には、『普賢』
で第4回芥川賞を受賞。森鴎外
に強い憧れを抱いており、『鴎
外選集』の編集も行なう。代表
作は『鷹』『紫苑物語』『至福千年』
など。1987年没。

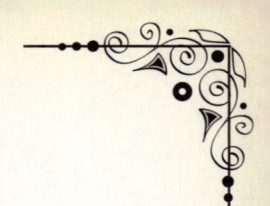

あゝ、お前にはね、おれの仕事の間、頭から足のさきまで
幸福になっていて貰いたいんだ

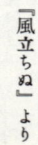

堀辰雄

『風立ちぬ』より

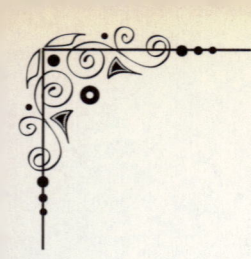

どんなにふたりが愛しあっていても、
愛だけではお腹がすいてしまう。
生活を支えるために、仕事をしなければならないのだ。
もちろん、仕事をしているあいだは、
離れ離れになってしまう。
だが、それは幸せを維持するために必要なさびしさだ。
愛は決して生活の邪魔ではない。
待ってくれている人がいるだけで、
人はどんなに辛い仕事でもやり抜くことができるのだから。

堀辰雄（ほり　たつお）
１９０４年12月28日生まれ。小説家。東京出身。１９２６年、同人誌『驢馬』を創刊する。１９３０年には初の短編集となる『不器用な天使』を出版。同年、『聖家族』で、一気にその地位を確立する。代表作『風立ちぬ』はジブリ映画のモチーフにもなった。１９５３年没。

『好き』

その、たった二文字を声にするのが、

どれほど、難しく思えたことか

折原みと

『制服のころ、君に恋した』

（講談社文庫）より

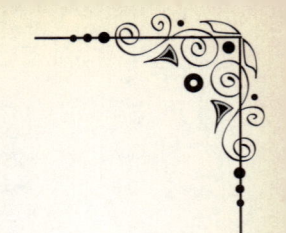

人が緊張する原因は、
「よく見られたい」と思うことにある。
面接を受けたり、大勢のまえで話したりするとき、
失敗しないようにと気負いすぎるから緊張する。
ならば、好きな人の前で緊張してしまうというのも、
至極あたりまえな話だろう。
嫌われたくない、嫌われたらおしまいだ、
この人がいないなら生きていても意味がない……。
「好き」の二文字が充満した精神状態では、
身動きがとれなくなってしまうものなのだ。
だから、よく見られようとなんてしなくていい。
ありのままの姿は、案外誰の目にも魅力的に映るものだ。

折原みと（おりはら　みと）
１９６４年1月27日生まれ。
少女漫画家、恋愛小説家。茨城県出身。１９８５年、漫画雑誌『ASUKA』にて、『ベストガールになりたいの』で漫画家デビュー。１９８７年には『ときめき時代　つまさきだちの季節』で、作家としても出発する。代表作は『時の輝き』『真夜中を駆けぬける』など。

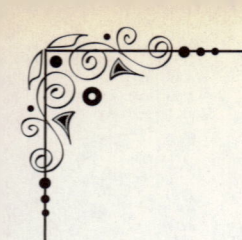

僕はおまえが好きだった。そして今でも好きなんだ。
たとえ世界が木っ端微塵になったとしても、
その残骸の破片から、恋の想いは炎となって燃え上がる

ハインリッヒ・ハイネ

『歌の本』より

世界中でどのくらいの人が恋をしているだろう。
それはきっと数えきれない。
自分たちの親世代も恋をしていたし、
その親世代も恋をしていた。
だから今、こうして生きていられるのだ。
恋によって紡がれてきたという歴史は、
決してくつがえされることはない。
人は恋の前でだけ、
永遠という言葉をつかうことを許されるのだ。

ハインリッヒ・ハイネ
１７９７年12月13日生まれ。
ドイツの作家、詩人、ジャーナリスト。１８３１年、パリに移住。多くの芸術家と親交を持つ。やさしい表現の詩は、曲がつけられたものや、邦訳されたものもある。代表作は『歌の本』『ドイツ冬物語』『流刑の神々』など。
１８５６年没。

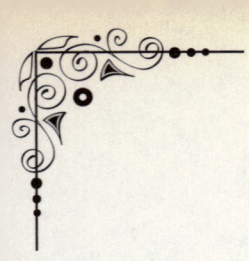

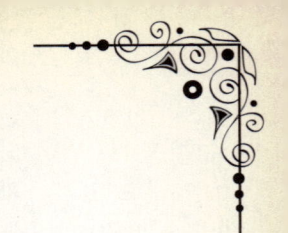

あたしがすきか、おねえさんが好きかどっちが好きか、
はっきり言って頂戴(ちょうだい)。どっちも好きじゃいやよ

室生犀星

『幼年時代』より

恋人の心が揺れているのを、
なんとなく感づいたことはないだろうか。
なにもないと信じたい……、
それでも、疑心暗鬼になってしまう。
しかし、破滅を怖れるあまりに、
ずるずると引きのばしにしてしまってはいけない。
一度蒔かれた不安の種は、
どんなに時間が経っても刈りとれるものではないから。
幸せを願うならば、はっきりさせる勇気も必要だ。
第一、相手には、あなたを好きにさせた責任がある。

室生犀星（むろう　さいせい）
１８８９年8月1日生まれ。詩人、小説家。石川県金沢市出身。『愛の詩集』『抒情小曲集』で、叙情詩人としてデビュー。詩人の萩原朔太郎は生涯の親友。小説では『幼年時代』『杏っ子』などが代表作。晩年の作品『蜜のあわれ』は、少女に変身する金魚と、彼女に恋する老作家との耽美的な物語。２０１６年に映画化された。１９６２年没。

キスしてもいいですか

島本理生

『君が降る日』(幻冬舎文庫)より

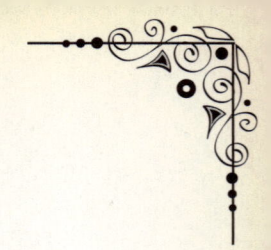

敬語をつかう間柄のときが、恋は一番楽しいのかもしれない。
もちろん、長く連れ添った夫婦でも、
ずっと敬語をつかっている場合もあるけれど。
大半の恋愛は、仲が深まるにつれて敬語はとり除かれる。
つまり、それは恋愛の初期におけるごくわずかな時間だ。
相手がまだ自分のことを好きなのかわからないから、
相手への関心が極限まで高まっている。
だが、少しの沈黙にもハラハラしているうちは、
その時間をいっそ楽しんでみるのもいいだろう。
やがてその沈黙は安心へと変わってしまうから。

島本理生（しまもと りお）
１９８３年5月18日生まれ。小説家。東京出身。小学生のころから小説を書き始める。２００１年『シルエット』で第44回群像新人文学賞を受賞し、小説家としてスタート。２００３年には『リトル・バイ・リトル』で20歳にして史上最年少で第25回野間文芸新人賞を受賞する。主な作品は『ナラタージュ』『CHICAライフ』など。

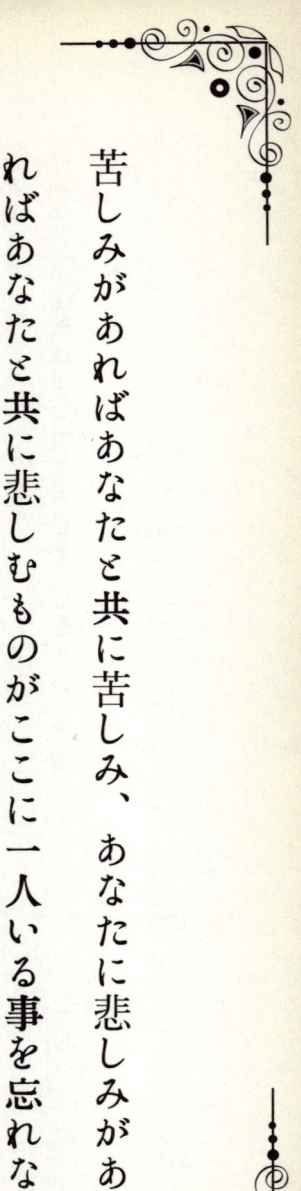

苦しみがあればあなたと共に苦しみ、あなたに悲しみがあればあなたと共に悲しむものがここに一人いる事を忘れないでください。僕は戦って見せます。どんなにあなたが傷ついていても、僕はあなたをかばって勇ましくこの人生を戦って見せます。僕の前に事業が、そして後ろにあなたがあれば、僕は神の最も小さい僕（しもべ）として人類の祝福のために一生をささげます

有島武郎

『或る女』より

一生をともにするということは、
当然、喜びだけでなく悲しみや苦しみも
共有する覚悟が必要である。
楽しいときだけでなく、
沈んでいるときに一緒にいてくれる相手こそ、
真に大切にすべきなのだ。
一生を投げ出してもいいと思える相手に出逢えたとき、
人はもっとも強くなれるのかもしれない。

有島武郎（ありしま　たけお）
　１８７８年３月４日生まれ。小説家。東京出身。１９１０年、同人誌『白樺』を、武者小路実篤や志賀直哉らとともに創刊する。代表作に『カインの末裔』『或る女』がある。また、評論の分野では『惜みなく愛は奪ふ』で知られる。１９２３年、波多野秋子と心中した。

Column 恋と愛のちがいとは？

「恋」と「愛」にちがいはあるのだろうか。

岩波国語辞典によると、恋とは「異性に愛情を寄せること、その心。恋愛」とある。一方で、愛については「男女が思いあう。親しみの心でよりかかる」と説明されている。どちらも相手に対して愛情を向けていることは確かだが、辞書の言葉をそのまま受け取るなら、恋は一方的なもの、愛は相互的なものだと考えられる。

片恋という言葉はあるが、片愛という言葉が存在しないように、よりかかることのできる距離にまで近づいたとき、それはもう恋ではなくなるのかもしれない。

愛に比べると、人が恋をする期間はあまりに短い。人生の中の、ほんのひとつまみの時間だ。いつのまにか終わっていたり、いつのまにか愛に変わっていたり……。

簡単に忘れてしまいそうな、儚いもの。だからこそ、恋には甘酸っぱく、切ないイメージがついて回るのだろう。

2 感傷的に

sentimental

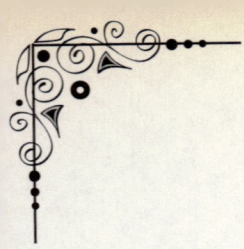

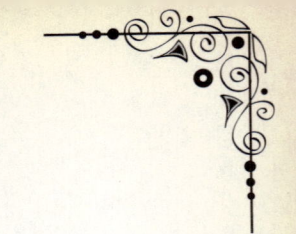

さようなら。もうお目にかかりません。
でもすこしだけ、誰かのものになれてうれしかった

江國香織

『ふりむく』（マガジンハウス）より

「さようなら」は強力な呪文だ。
たったひと言で、それまで一番近くにいた人が、
世界で一番遠くへ行ってしまう。
だから、「さようなら」を言うのは簡単なことではない。
だけど、離れてしまう相手の心をとめられそうにないのなら、
いっそこの呪文を使った方がいいこともある。
二度と逢えなくなる代わりに、美しいお別れをする。
素敵な思い出として忘れないでいてもらうために。

江國香織（えくに　かおり）
1964年3月21日生まれ。小説家、児童文学作家、翻訳家、詩人。東京出身。1987年、『草之丞の話』で児童文学作家としてスタートする。2004年には『号泣する準備はできていた』で第130回直木賞を受賞。詩やエッセイ、翻訳など多方面で活躍する。代表作は『つめたいよるに』『いつか記憶からこぼれおちるとしても』など。

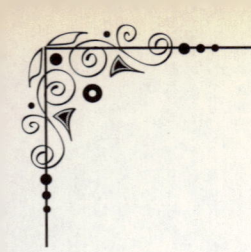

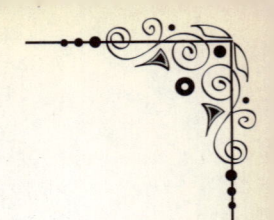

君に似し姿を街に見る時の
こころ躍りを
あわれと思え

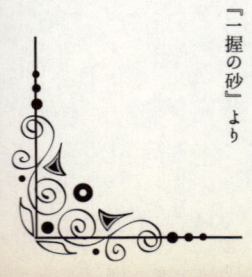

石川啄木

『一握の砂』より

「あの人がこんなところにいるはずない」。
頭ではわかっていても、
似たような背格好の人を見かけるだけで、
勝手にドキドキして、勝手に落胆する。
傍から見れば情けないが、気にする必要はない。
恋のフィルターを通した視界は、
度の合わない眼鏡のように歪んでいるものだ。
馬鹿みたいだと笑うやつも、
明日にはおそろいの眼鏡をかけているかもしれない。

石川啄木（いしかわ　たくぼく）
1886年2月20日生まれ。詩人、歌人、思想家。岩手県出身で、父親は同県の常光寺住職。盛岡中学中退後、二十歳で処女詩集『あこがれ』を出版。天才少年詩人として名を馳せる。代表作に歌集『悲しき玩具』、詩集『呼子と口笛』など。1912年、肺結核のため27歳で夭逝する。

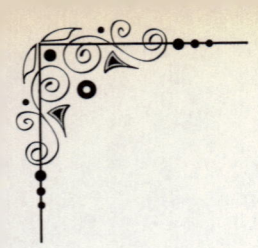

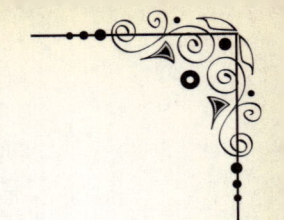

私ね、やっぱりあんたがいなくちゃ駄目みたい

桜木紫乃

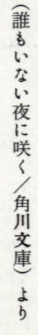

『プリズム』（誰もいない夜に咲く／角川文庫）より

どんなに大切なものであっても、失ってしまうまでは、
本当の大切さに気づけないのかもしれない。
大切だからそばに置いておく。
すると、そばにあることがどんどんあたりまえになってゆく。
あたりまえになりすぎると、
失ったことなんて想像できなくなる。
水や空気のありがたさに、なかなか気づけないことと同じだ。
大切なものは、案外近くにある。
それは、最愛の人に対しても言えることではないだろうか。

桜木紫乃（さくらぎ しの）
１９６５年4月19日生まれ。
小説家、詩人。北海道釧路市出身。２０１３年に、ラブホテルを舞台にした連作『ホテルローヤル』で直木賞を受賞。多くの作品で性愛の悲哀を描く。ほか代表作に『氷平線』『起終点駅ターミナル』など。

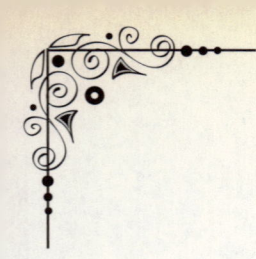

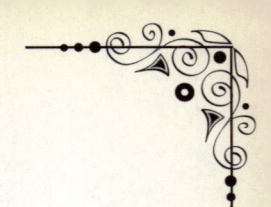

最早もう二度とは会えませんから言います、貴女も身体も
大切にして幾久しく無事でお暮しになるように……

国木田独歩

『恋を恋する人』より

好きな人ともう二度と逢えなくなるとしたら、
最後にどんな言葉をかけるだろう。
ありがとう、なのか、ごめんなさい、なのか、
それともやっぱり行かないで、とすがるのか。
幸せにしてあげられなかったことを悔やんでも仕方がない。
それより、これからの相手の幸せを願うべきだ。
死別と破局との大きなちがいは、
相手が今もどこかで生きていると信じられることだ。
生きてさえいれば、いつか、また。
そう信じて、笑顔で見送るのが、
お互い幸せに生きてゆける別れ方なのだろう。

国木田独歩（くにきだ　どっぽ）
１８７１年8月30日生まれ。
小説家、詩人。千葉県銚子市出身。田山花袋や柳田國男らと親交をもつ。代表作は『武蔵野』『牛肉と馬鈴薯』など。自然主義文学の先駆とされる。１８９４年国民新聞記者として日清戦争に従軍。雑誌『婦人画報』の創刊者でもある。１９０８年没。

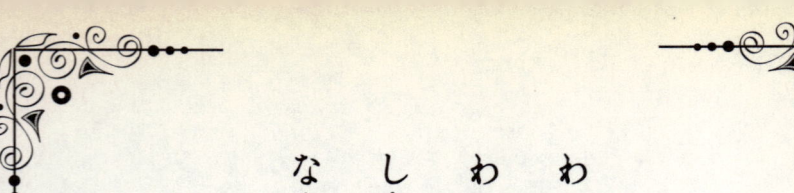

わたしをすきなひとが、わたしに関係のないところで、
わたしのことをすきなまんまで、わたし以外のだれかに
しあわせにしてもらえたらいいのに。わたしのことをすき
なまんまで

最果タヒ

『夢やうつつ』
（死んでしまう系のぼくらに／リトル・モア）より

自分のことを好きだった人がこれまでに何人いるか、
知っているだろうか。
それは誰にもわからない。
気づかないようにそっと、
教室の隅から視線を送られていたのだとしたら。
知らないところで、
自分のために涙を流していた人がいたとしたら。
今、この瞬間だって、
未だに自分のことを忘れられないでいるとしたら。
二度と関わるはずのない人にさえ、
愛されていたいと願うほど、
人は欲張りな生き物なのかもしれない。

最果タヒ（さいはて　たひ）
　１９８６年生まれ。詩人、小説家。兵庫県神戸市出身。２００７年、第一詩集『グッドモーニング』出版。２００８年、京都大学在学中に同書により、第13回中原中也賞を受賞。当時女性では最年少の21歳だった。ほか代表作は詩集『死んでしまう系のぼくらに』、小説『かわいいだけじゃない私たちの、かわいいだけの平凡。』『星か獣になる季節』。

ねえ、これっきりにしないでね……

林真理子

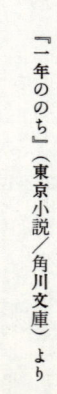

『一年ののち』（東京小説／角川文庫）より

ふたりの愛の重さに均衡のとれた状態など存在しない。
恋はいつもどちらかが先に火をつけて、
そこからお互いの火が徐々に燃え広がってゆくものだ。
ときには相手の愛が消えかけていたり、
別の方向を見ているのに気づくこともあるだろう。
そんなとき、今の関係を少しでも続けるために、
気づかないふりをしていてもよいのだろうか。
恋人が不安になっていることを知りながら、
そのことに目をつぶったままでいる相手との未来など、
そう長いものではないと想像できるはずだ。
不安な気持ちをひとりで抱えこんでいても、
時間は決してなにも解決してはくれない。

林真理子（はやし　まりこ）
１９５４年４月１日生まれ。山梨市出身。小説家、エッセイスト。コピーライターの経歴を持つ。１９８２年にエッセイ集『ルンルンを買っておうちに帰ろう』でデビュー。ベストセラーとなる。１９８６年には、『最終便に間に合えば』『京都まで』で直木賞を受賞する。代表作は『葡萄が目にしみる』『星に願いを』など。

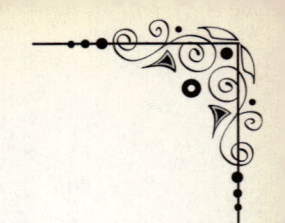

この頃はお前の事を考えるとまず頭の中に涙がうかんでくる。
悲しい涙ではないが、涙は自ずとうかんで来、お前は元気
にしていてくれるだろうと思う

武者小路実篤

『妻・安子へ宛てた手紙』より

涙が出るのは、悲しいときだけじゃない。
嬉しいとき、切ないとき、
そして、あまりに愛しい誰かのことを想うとき、
自分でも不思議と涙が出ることがある。
そんなときの涙は、なぜだか妙にあたたかい。
心のうちに暖炉が灯って、
ゆっくりと氷が溶けだすように、
優しく心をしめらせてくれる。
涙は心に不可欠な水分なのだ。

武者小路実篤
（むしゃのこうじ　さねあつ）

１８８５年５月12日生まれ。

小説家、詩人、画家。東京出身。

１９０８年、雑誌『望野』を創刊する。１９１０年には雑誌『白樺』を志賀直哉、有島武郎らとともに創刊する。主な作品に『幸福者』『愛と死』などがある。妻の安子とは１９２２年に結婚。１９７６年没。

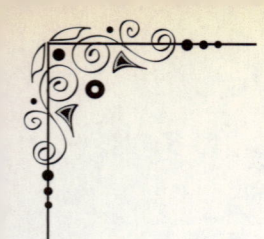

ああ、私は何のために生れたのでしょう。私は生れてから
一度もあなたに逢いもしないのに、こんなに恋しくて仕方
がない。私は……

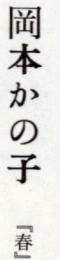

岡本かの子

『春』より

人が恋をするのは、
なにも身近にいる人に対してだけではない。
とりわけ今の時代、インターネットが発達しているから、
離れた人と簡単にコミュニケーションをとることができる。
顔や声より先に、相手の内面を知ることができるのだ。
出逢いの垣根がなくなるのは、素晴らしいことにちがいない。
しかし、一度も逢わないまま好きになってしまうとしたら、
初めから苦しみを伴う恋であることは想像に難くない。
逢えたときの喜びを知らないまま、
逢えないさびしさばかりが募ってゆくのだから。

岡本かの子（おかもと　かのこ）
1889年3月1日生まれ。
小説家、歌人、仏教研究家。東京出身。1912年、初の歌集『かろきねたみ』を出版する。そのほかの作品に歌集『愛のなやみ』『浴身』などがある。芸術家・岡本太郎の母親である。
1939年没。

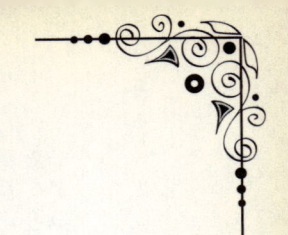

会いたくて　淋しい
あなたに会いたくて淋しい
会えなくて淋しいではなく

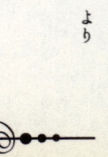

北川悦吏子

『恋』（角川文庫）より

「さびしい」は、状態ではなく、欲求である。
さびしいと口にするとき、その裏には、
声を聞きたいとか、逢いにきて欲しいとか、
相手に対する欲求が隠れているのだ。
その欲求は、生きている限りつきまとってくる。
人生は、さびしい時間の方が長いからだ。
さびしさを忘れられるのなんて、
好きな人に抱きしめられている、ほんの一瞬だけ。
好きな人が隣にいたって、ふとさびしくなることもある。
だから、眠くなるのと同じように、
すぐにさびしくなるのは自然なことだ。
さびしい、と伝えることは後ろめたいことではない。

北川悦吏子（きたがわ　えりこ）
１９６１年12月24日生まれ。テレビドラマの脚本家、映画監督、エッセイスト。岐阜県美濃加茂市出身。１９８９年に『赤い殺意の館』で脚本家デビュー。その後も『素顔のままで』や『あすなろ白書』など、恋愛をテーマにした作品で広く知られるようになる。

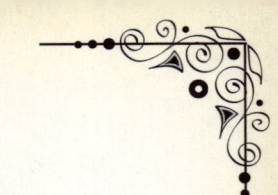

わたしがいなくなったら、わたしのことは忘れてね。誰かほかの人ときちんと恋をして、幸せになってね。わたしのことをひきずったら、いけないよ。わたしがいくら魅力的な子だからって、一生ひとりじゃいけないよ

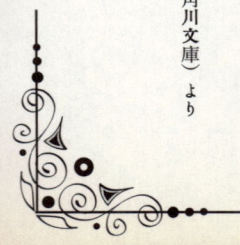

石田衣良

『美丘』（角川文庫）より

どんなに連れ添ってきたふたりでも、
必ずどちらかが先に死んでしまう。
最愛の人を失っても、残された者の人生は続いてゆく。
愛する人が孤独で生きることなど、
誰も望んだりはしない。
自分のことを忘れてもいいから、
誰かとまた恋をして欲しいと願うはずだ。
悲しみの上に成り立つ愛など、
誰も幸せになれはしないのだから。

石田衣良（いしだ　いら）
１９６０年3月28日生まれ。小説家。東京出身。１９９７年、『池袋ウエストゲートパーク』で第36回オール讀物推理小説新人賞を受賞し、小説家としてデビューする。２００３年には『4TEEN フォーティーン』で第１２９回直木賞を受賞。代表作に『娼年』『アキハバラ＠DEEP』などがある。

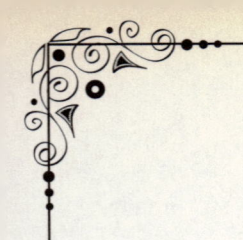

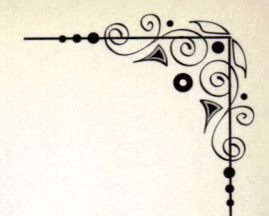

思い出さないでほしいのです
思い出されるためには忘れられなければならないのが
いやなのです

寺山修司

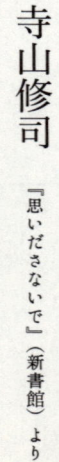

『思いださないで』（新書館）より

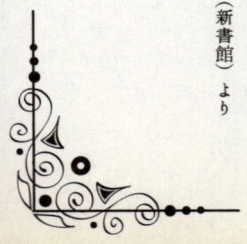

ときどき思い出の中から、
懐かしい人の面影がふっと顔を覗かせることがある。
それはあたかも大切な失くし物を見つけたみたいに、
貴く思えてしまうものだ。
だが、それは懐かしさという明かりに照らされて
光り輝いているだけのこと。
思い出は、遠ければ遠いほど、
歳月に磨かれて美しく見えるものだ。
思い出さなくてもずっとそばにある大切なものに、
もう一度目を凝らしてみてはどうだろうか。

寺山修司（てらやま　しゅうじ）
１９３５年12月10日生まれ。歌人、劇作家、シナリオライター、映画監督。青森県弘前市出身。高校時代に俳句雑誌『牧羊神』を創刊する。１９６０年、戯曲『血は立ったまま眠っている』が話題となる。１９６７年には演劇実験室「天井桟敷」を主宰。歌集に『空には本』『血と麦』、舞台に『毛皮のマリー』、映画に『田園に死す』などの作品がある。１９８３年没。

あたい、今夜寂しいのよ

富士正晴

『一夜の宿・恋の傍杖』（ちくま日本文学全集）より

さびしいときにさびしいと言える相手がいないことは、
自分の部屋に布団がないのと同じことだ。
さびしさで冷えた心は、
自分自身であたためることができない。
さびしさは、ふとした拍子に心の隙間に忍びこんでくる。
それは、誰かにさびしいと言うことでしか、
心の中から追い出せない。
ただ、さびしさの唯一よいところは、
誰かに打ち明けても、相手にまで伝染しないところだ。
だから、怒りをぶつけられるのとは違って、
さびしさを引き受けるのはそんなに嫌なことじゃない。
ときには、いつも近くにいる人に、
何気なくさびしいと言ってみてはどうだろう。

富士正晴（ふじ　まさはる）

１９１３年10月30日生まれ。

小説家、詩人。徳島県出身。

１９３２年、桑原静雄と同人雑誌『三人』を創刊。１９４７年、同人誌『VIKING』を主宰する。

主な作品に『贋・久坂葉子伝』『桂春団治』などがある。１９８７年没。

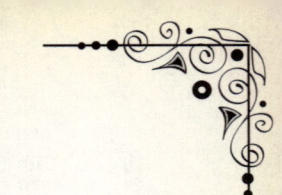

本当はただださわりたくて、キスしたくて、抱きたくて、少しでも近くに行きたくてたまらなくて一方的にでもなんでも、涙がでるほどしたくて、今すぐ、その人とだけ、その人じゃなければ嫌だ。それが恋だった。思い出した

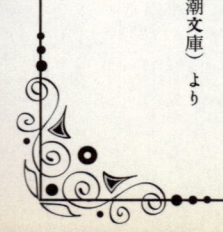

吉本ばなな

『とかげ』(新潮文庫)より

人生で恋をするのは一回であるとは限らない。
だから、経験とともによくも悪くも新鮮味は薄れてしまう。
初めてのデートで失敗すれば、
次のデートでは気をつけようとするだろうし、
ひとりめの恋人とふたりめの恋人を、
どこかで比べてしまうのも仕方のないことだ。
ただ、恋は、回数を重ねれば重ねるほど、
つまらなくなってゆくわけではない。
百回目にしてようやく運命を感じることもある。
今、恋がうまくゆかないからと、焦る必要はない。
「運命」なんて、
「タイミング」という言葉を少し大袈裟に言っただけだ。

吉本ばなな（よしもと　ばなな）
１９６４年７月24日生まれ。小説家。東京出身。１９８７年、『キッチン』が海燕新人文学賞を受賞し、作家として出発する。その後も多くの作品がベストセラーとなり、海外でも翻訳されるなど、現在日本を代表する作家のひとりである。代表作に『TUGUMI』『とかげ』などがある。

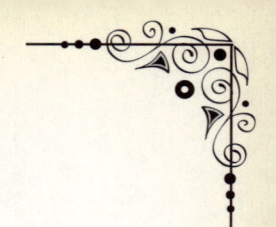

Sは私の不幸をなぐさめてくれる。そのなぐさめによって、
やっと私は生きている

梅崎春生

『Sの背中』（ちくま日本文学全集）より

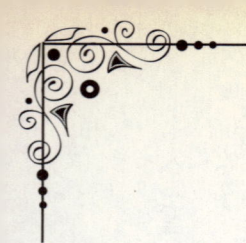

弱っているときにこそ、
人は優しさを欲するものだ。
誰でもいいからすがりたい気持ちのとき、
そこに手を差し伸べてくれる誰かが現れたら、
思わず手を握りかえしてしまう。
なにかをもらうわけでもないのに、
ただ話を聞いてもらったら、それだけで、
いつのまにか心が軽くなっていることがある。
なぐさめる、ということは、誰にでもできる医療なのだ。
もしも不幸な人を見つけたら、
少しでも声をかけてみてはどうだろう。
もしかしたらあなたにも救うことができるかもしれない。

梅崎春生（うめざき　はるお）
　１９１５年２月15日生まれ。小説家。福岡市出身。１９３９年、東京帝国大学在学中に『風宴』を発表。大学卒業後も仕事をしながら執筆をつづける。１９３０年『ボロ家の春秋』で第32回直木賞を受賞。代表作に『日の果て』『輪唱』『狂い凧』などがある。１９６５年没。

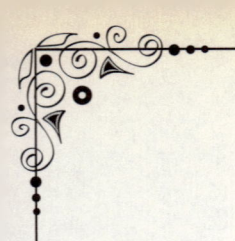

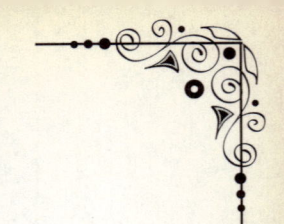

僕はずっとあなたのことを思いつづけて来ました。
あなたがきっと元気で生きていて、僕のことを忘れないでいて下さると思うことが、暗い生活の唯一の光りでした

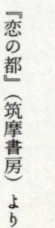

三島由紀夫

『恋の都』（筑摩書房）より

思い出はいつだって優しい。
だからこそ気をつけなければいけない。
長い生涯の中で、たった一瞬きりだった青春を、
くりかえしくりかえし反芻（はんすう）することがある。
それが仮に、叶わなかった恋に対してもだ。
今更、ふり向いて欲しいなんて思わない。
ただ、自分のことを覚えていて欲しいと願うだけ。
ほかにできることなどなにもないのだ。
それなのに、遠くから見ていた横顔は、
何年も何十年も心のうちにこびりついて、
決して解放してはくれない。
まぶしすぎる思い出とはときに残酷なものである。

三島由紀夫（みしま　ゆきお）

１９２５年1月14日生まれ。

小説家、劇作家、随筆家、評論家。

東京出身。10代のころから創作活動を行なっており、１９４４年、『花ざかりの森』を出版する。

代表作は、小説では『仮面の告白』『潮騒』『憂国』などがある。

また、劇作家としても『鹿鳴館』『サド侯爵夫人』などの作品を残している。１９７０年没。

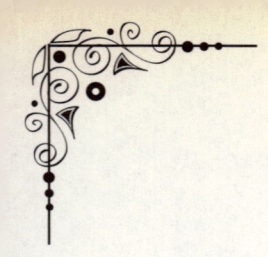

すきになる　ということは　心を　ちぎってあげるのか
だから　こんなに痛いのか

工藤直子

『痛い』（あ・い・た・く・て／大日本図書）より

恋には明るくて幸福なイメージがある。
しかし、実際に恋をしている最中は、
楽しいことよりも、苦しいことの方が多かったりする。
鳴らない電話を前に、あの人、今なにしてるんだろう、
と、ぐるぐると心をかき乱される。
一晩中眠れなかったり、
わけもなく涙が止まらなくなったりもする。
「こんなに辛いなら、恋なんてしなければよかった」。
そんな風に思ったところで、もう遅い。
恋はいつのまにか勝手に始まっているくせに、
誰もそのやめ方を知らないのだ。

工藤直子（くどう　なおこ）
１９３５年11月２日生まれ。台湾にて生まれる。１９８３年『てつがくのライオン』で日本児童文学者協会新人賞を受賞する。主な作品に『ともだちは海のにおい』『のはらうた』などがある。息子は漫画家の松本大洋。

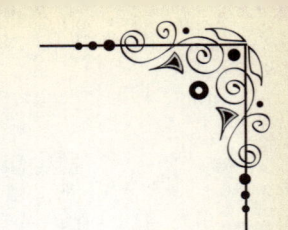

とおくのほうからにおうようにながれてくるあなたのこえ
のうつりかを、わたしは夜のさびしさに、さびしさに、
いま、あなたのこえをいくつもいくつもおもいだしている

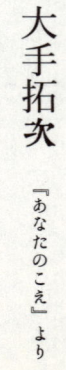

大手拓次

『あなたのこえ』より

どんなに好きな人であっても、逢わないでいるうちに、
その顔はあっけないほどすぐにぼやける。
最後まで残るのは、いつも「声」である。
やがて、顔も、身体も、なにもかも輪郭を失ったその後で、
あの人という観念だけが、
優しい声で自分の名を呼びつづける。
孤独にさえぎられた袋小路で、
ひとり泣きたくなる夜もあるだろう。
そんなとき、人は記憶の奥底にある、
「声」のぬくもりに救われる。

大手拓次（おおて　たくじ）
１８８７年11月3日生まれ。詩人。群馬県出身。１９１２年、『朱欒』に『藍色の蟇』と『慰安』を発表し、詩人としての道を拓く。『地上巡礼』や『ARS』といった雑誌上で活動。詩集を出版したのは没後である。作品に『藍色の蟇』『蛇の花嫁』などがある。１９３４年没。

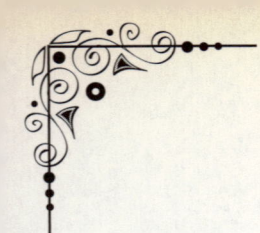

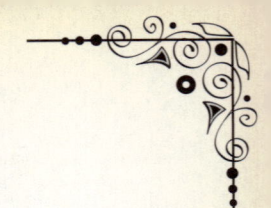

やっぱり逢いたくなっちゃったの、あなたの顔が見たくって、
見たくってさ……あなたは平気でしょう、一ト月（ひとつき）二タ月（ふたつき）、
あたしの顔を見なくってもね……

舟橋聖一

『ある女の遠景』（講談社文芸文庫）より

好きになってくれない相手を好きになってしまったら、
一体どうすればよいのだろう。
逢いたい気持ちに嘘はつけないし、
逢えばなおさら相手のことが欲しくなる。
けれど、縛りつけようとすればするほど、
相手の心は逃げてゆく。
惚れたら負け、とはよく言ったものだ。
だが、尽くすばかりの恋も、
決して悲しい恋とは言い切れない。
いつか自分に尽くしてくれる相手が現れたとき、
その気持ちを理解してあげられるだろうから。

舟橋聖一（ふなはし　せいいち）
１９０４年12月25日生まれ。
小説家。東京出身。大学時代に劇団心座を結成し、１９２６年、戯曲『白い腕』で作家としてデビューする。初期は戯曲を中心に活動していたが、徐々に小説にも取り組むようになる。代表作に『花の生涯』『新・忠臣蔵』などがある。１９７６年没。

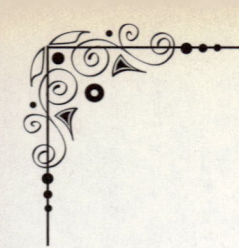

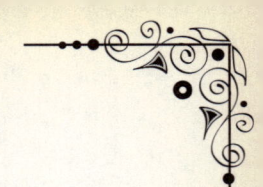

つかの間の、別れさえも、つらくてならぬ、私なのに。
もうこのまま、会えないなんて、私の心は、凍てつきそう

野坂昭如

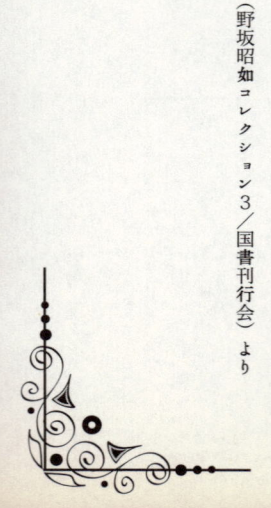

『エストリールの夏』
（野坂昭如コレクション3／国書刊行会）より

さびしさは時間に比例する。
一日逢わなければ一日分のさびしさが、
一月逢わなければ一月分のさびしさが、
一年逢わなければ一年分のさびしさが蓄積されてゆく。
しかもその係数は、愛の重さによって変わってくる。
一週間くらい逢わなくても平気な人もいれば、
一日逢わないだけでおかしくなりそうな人もいるだろう。
もしかしたら、一瞬でも離れられない人もいるかもしれない。
ただ、どんなさびしさも、相手の顔を一目見るだけで、
たちまち喜びや安心に変わってしまう。
「再会」はすべてを精算してくれるのだ。

野坂昭如（のさか　あきゆき）

１９３０年10月10日生まれ。

作家、歌手、タレント、政治家。

神奈川県鎌倉市出身。１９６３年、『エロ事師たち』で小説家として出発する。１９６８年、『アメリカひじき』『火垂るの墓』で第58回直木賞を受賞。『火垂るの墓』はジブリ映画の原作となったことでも有名。そのほかに『骨餓身峠死人葛』『真夜中のマリア』などの作品がある。

２０１５年没。

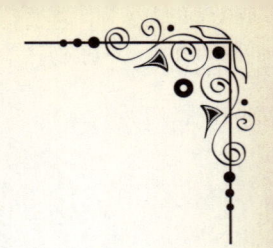

あなたがたがしあわせになりますように。そして、あなたのことを永遠に忘れられないだれかのことは、どうか忘れてください

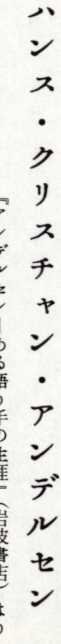

ハンス・クリスチャン・アンデルセン

『アンデルセン―ある語り手の生涯』（岩波書店）より

好きだったけどもう逢えない人と、
最後に交わしたひと言を憶えているだろうか。
つきあっていた恋人とのつめたい別れ話でもいいし、
想いが届かずにふられた初恋でもいい。
どちらも、人生の中でそれなりに大きな出来事なのに、
なぜだかはっきりとは思い出せないものだ。
きっとそれは、人間にそなわっている、
「忘れる」という自然治癒力のせいだ。
悲しみが永遠に消えないものだったなら、
人はきっとうまく生きてゆけないだろうから。
どんな感情も、最後は、
思い出というひとつの箱にしまわれてしまうのだ。

ハンス・クリスチャン・アンデルセン
1805年4月2日生まれ。デンマークの童話作家、詩人。1828年、『ホルメン運河からアマーゲル島東端までの徒歩旅行』を出版する。1835年、長編小説『即興詩人』を発表。高い評価を受ける。童話作家としては『裸の王様』『人魚姫』『みにくいアヒルの子』などで知られる。1875年没。

Column 別れた恋人のことを忘れられる？

女性は「上書き保存」、男性は「名前をつけて保存」。

そんな風に言われることがある。もちろん個人差はあるにちがいない。しかし、女性は失恋後の立ち直りが早く、男性はいつまでも未練をひきずっているというイメージは確かにある。昔の恋人にもらったものを捨てられるか、使いつづけるか、という論争も恋愛関係の雑誌やTV番組でたびたび熱を帯びている。しかし、結局のところ、人はコンピュータのように記憶を完全に消してしまうことはできない。

かつて日本には「忘れ貝」「忘れ草」と呼ばれるものがあった。どちらも「持っていると恋の苦しみを忘れることができる」と言い伝えられている。古くから人間は、恋にふり回されつづけていたようだ。そして、今もその明快な対処法は存在していない。ならばいっそ、忘れる必要などないのかもしれない。悲しいときは素直に落ちこんで、涙が枯れるくらい泣いてしまった方が、かえってすっきりすることもある。別れ際が辛いのは当然だが、それまでの楽しかった記憶まで忘れようとする必要はない。すべて大切な思い出として受け入れることができたとき、人はようやく一歩前に進むことができるのだ。

3 個性的に

unique

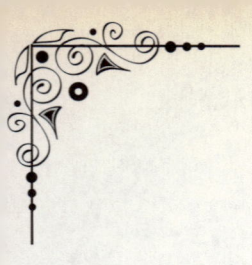

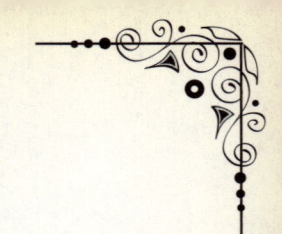

いつか、私は彼に堕落した。そして今も炎上している

金原ひとみ

『星へ落ちる』（集英社文庫）より

恋はするものではなく、落ちるものだ。
しかし、ほとんどの恋は、
落ちるどころか、もはや堕落と言ってもいい。
真夜中まで恋人とメールをして睡眠不足になったり、
恋人のことを考えるあまり仕事や勉強が手につかなくなる。
だが、恋に限らず、
人は大なり小なり堕落しているものだ。
だからこそ、上手にバランスをとって生きられる。
堕落することは、一番の人間らしさなのかもしれない。

金原ひとみ（かねはら　ひとみ）
１９８３年８月８日生まれ。小説家。東京出身。２００３年、20歳のとき『蛇にピアス』で第27回すばる文学賞を受賞し、作家としてのスタートを切る。２００４年には同作で第１３０回芥川賞を受賞。綿矢りさとの同時受賞が話題となる。主な作品は『マザーズ』『トリップ・トラップ』など。

私が死んだら　骨のかけらをあなたの身体に収めてほしい
いつもつないでいた左手の薬指の骨
そしたらあなたに内蔵されて
カルシウムになれる
私あなたのカルシウムになりたい

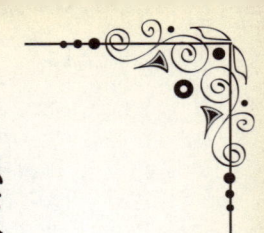

綿矢りさ

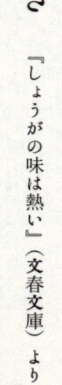

『しょうがの味は熱い』（文春文庫）より

人は死んだらゼロになるわけではない。
周りの人たちの記憶の中には留まることができる。
しかし、残念ながら記憶は徐々に薄れてゆくものだ。
どんなに涙を流してくれた人も、
時間が経てばその悲しみを忘れてゆく。
だから形見というものを残しておくのだ。
形見は残された人のためだけではなく、
旅立つ人のためのものでもある。
自分の一部とも呼べるものを誰かに託すことで、
生きていたことを証明しているのだ。
いつまでも悲しみに暮れる必要はない。
残された物を大切にすることにこそ、大きな意味がある。

綿矢りさ（わたや　りさ）
1984年2月1日生まれ。小説家。京都市出身。高校在学中の2001年、『インストール』で第38回文藝賞受賞しデビュー。2003年、『蹴りたい背中』で第130回芥川賞を受賞する。当時19歳だったこともあり大きな話題を呼んだ。そのほかに『かわいそうだね？』『夢を与える』などの作品がある。

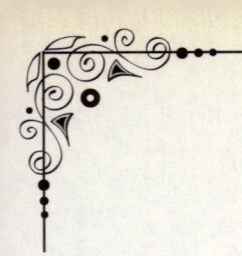

喜代ちゃん、これからどこかへ酒を飲みに行こう。
君を酔っ払わしてみたいんだ

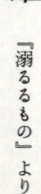

豊島与志雄

『溺るるもの』より

人がお酒を飲む理由はさまざまだ。
楽しくなりたいから、苦痛を忘れたいから、
寒いから、さびしいから……。
一緒に飲む相手もさまざまだ。
家族だったり、友人だったり、恋人だったり。
ひとりで飲む夜もあるだろう。
いずれにしても、お酒を飲む時間は、特別だ。
それは一番、自分が正直になれる時間かもしれない。
もしも本当の自分を知って欲しい相手に出逢えたら、
まずは一杯のお酒を酌みかわすことから始めるといい。

豊島与志雄（とよしま　よしお）
　1890年11月27日生まれ。小説家、翻訳家、児童文学者。福岡県出身。1914年、第三次『新思潮』に『湖水と彼等』を発表する。同年、『帝国文学』に掲載した『彼と彼の叔父』により、その名を知られるようになる。主な作品に『生あらば』『野ざらし』などがある。『レ・ミゼラブル』『ジャン・クリストフ』などの翻訳者としても名高い。1955年没。

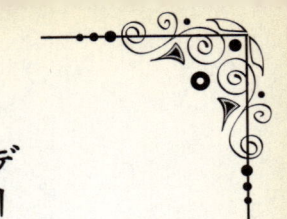

デートなんてまったく楽しいものじゃない。
なのに、またすぐに会いたくなった。
次のデートが待ちきれないほどに。
翌朝、学校で顔を合わせるまでの時間さえもどかしいほどに。
さっき別れたばかりの彼からの電話を息を殺して待つほどに

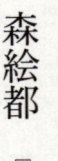

森絵都

『永遠の出口』（集英社文庫）より

好きな相手とのデートほど疲れるものはない。
絶えずなにかを考えていなければならないからだ。
今日の服装おかしくないかな、退屈してないかな、
どのタイミングで手をつなげばいいのかな……と。
約束したときは、あんなに楽しみだったのに、
いざ当日になると、早く終われ、とさえ思ってしまう。
けれど、夕方になって別れると、
たちまちさびしさに襲われる。
恋ほど複雑に入り組んだ感情はないだろう。
だからこそ、人は必死になって、
それを解き明かそうとするのかもしれない。

森絵都（もり　えと）
１９６８年生まれ。小説家。東京出身。１９９１年、『リズム』で第31回講談社児童文学新人賞を受賞しデビューする。２００６年には『風に舞いあがるビニールシート』で第１３５回直木賞を受賞。思春期の揺れ動く心をみずみずしい筆致で描きだす。代表作に『宇宙のみなしご』『つきのふね』など。

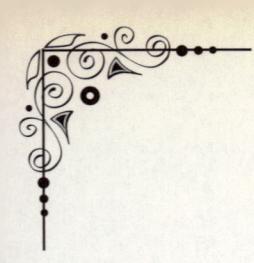

私の知らないところで、先輩はどんな時間を過ごしていたのでしょう。私はそれがとても知りたいのでした

森見登美彦

『夜は短し歩けよ乙女』（角川文庫）より

ふたりの仲が深まるにつれて、
お互い、共有する時間は増えてゆく。
週に一度だけデートをする仲なら、
お互い三時間くらいしか知らないが、
暮らしをともにすれば、毎日、多くの時間を知ることになる。
それでも四六時中、一緒にいられるわけではない。
離れた時間、相手のことが気になるものだ。
相手がなにをしていても気にしないというのも信頼だが、
自分がなにをしているのか知らせるのも信頼だ。
大切な人を不安にさせないよう努めるのも、
パートナーとして必要なことである。

森見登美彦（もりみ　とみひこ）
　１９７９年１月６日生まれ。
小説家。奈良県生駒市出身。
２００３年、京都大学在学中に
執筆した『太陽の塔』で第15回
日本ファンタジーノベル大賞を
受賞し、作家デビュー。独特の
文体と世界観で根強いファンを
持つ。代表作の『四畳半神話体
系』『有頂天家族』はアニメ化
された。

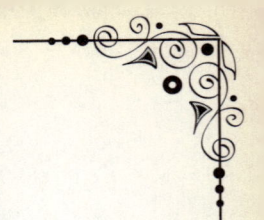

「このまま夜の海がどこまでも満ちてくればいいのに」
夜の海が満ちて、あたしたちを沈めて、そうしたらあたしたちは小さな蟹になればいい。小さな蟹になって、お互いのことを知らず、潮が引けば穴から出て、潮が満ちれば穴に戻ればいい

川上弘美

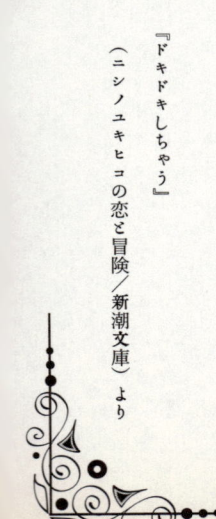

『ドキドキしちゃう』
（ニシノユキヒコの恋と冒険／新潮文庫）より

自分の殻にこもることは簡単だ。
誰かに干渉されない人生は気楽だし、
人にふり回されない暮らしは快適なものにちがいない。
そうやって、人を見ると素早く巣穴に逃げ込む蟹のように、
他者に怯えてひとりで暮らすことも、許される時代となった。
だが、一度でも誰かのぬくもりを知り、
一度でも誰かに心を奪われた経験があるのなら……。
殻をやぶって砂の上を歩きたくなるものだ。

川上弘美（かわかみ　ひろみ）
　１９５８年４月１日生まれ。小説家。東京出身。１９９４年、『神様』でパスカル短篇文学新人賞を受賞。１９９６年には『蛇を踏む』で第１１５回芥川賞を受賞する。主な作品に『溺レる』『センセイの鞄』『真鶴』など。幻想的でシュールな世界観を持つ。

民さんと一緒に居れば
神様に抱かれて雲にでも乗って居る様だ

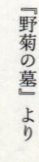

伊藤左千夫

『野菊の墓』より

恋する気持ちを、夢見心地とたとえることがある。
夢の中でのびのびと空を飛んでいるように、
心地よいという意味だろう。
できるなら、誰もがそんな恋をしたいと願うはず。
だが、恋の手に負えないところは、
絶えずその表情が変わってゆくところだ。
昨日まであんなに笑いあっていた相手と、
今日は大喧嘩をするかもしれないし、その逆も然りだ。
誰にも先が読めないからこそ、恋は人を飽きさせない。

伊藤左千夫（いとう　さちお）
１８６４年9月18日生まれ。歌人、小説家。千葉県出身。正岡子規に師事する。１９０３年に短歌雑誌『馬酔木（あしび）』を創刊。後継の『アララギ』でも主宰として後世の育成に努めた。短歌と小説の両方で名を残した。小説の代表作では『隣の嫁』『春の潮』などがある。１９１３年没。

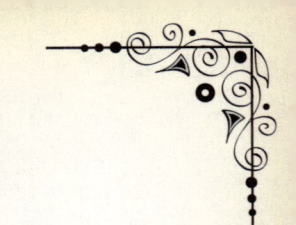

愛しているから　愛していると云えないのです
許してください　私の不器用な沈黙を
私はあなたをとりかこむ空気になりたい
あなたの肌にむすぶ露になりたい

谷川俊太郎

『十一月のうた』
（二月から十一月への愛のうた／音楽之友社）より

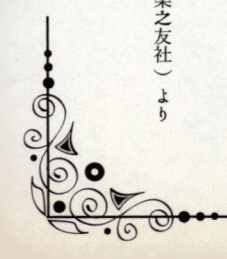

本当に愛しているときこそ、
人は愛していると言えないものだ。
目の前で恋人が黙りこんでしまったら、
それは怒っているのではないし、不機嫌なわけでもない。
ましてや別れ話を切り出そうとしているのでもない。
愛の言葉を探していると考えるべきだ。
黙っているとき、人は大抵、
なんと言うべきか思いあぐねているものだから。
嫌われたくないからこそ、
ひと言、ひと言に慎重になるのだ。
嫌われたくないからこそ、沈黙を生んでしまうのだ。

谷川俊太郎（たにかわ　しゅんたろう）
1931年12月15日生まれ。
詩人、翻訳家、絵本作家、脚本家。東京出身。1952年、初の詩集『二十億光年の孤独』を発表する。数々の作品が幅広い層に支持されており、現在もっとも有名な詩人のひとりである。代表作に『夜中に台所でぼくはきみに話しかけたかった』『女に』などがある。

たくさんのおんなのひとがいるなかで
わたしをみつけてくれてありがとう

今橋愛

『短歌の友人』（河出文庫）より

実は、この世にあるすべての恋は運命なのだ。
同じ職場で知りあったのだってそうだ。
もし、今の職場を選んでいなかったら、
もし、今の部署に配属されていなかったら、
もし、あのとき偶然話しかけなかったら……。
今にいたるまでに、
数え切れないくらいの「もし」が存在する。
どれかひとつが欠けていても、
出逢うことはできなかっただろう。
つまり、この世にあるすべての恋は運命なのだ。

今橋愛（いまはし　あい）
１９７６年生まれ。歌人。大阪市出身。２００２年、『Ｏ脚の膝』で第１回北溟短歌賞を受賞する。短歌同人誌『[sai]』や未来短歌会に参加する。そのほかの作品に『星か花を』がある。

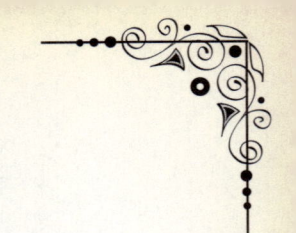

わしはあんたが欲しい。あんたを自分の所有物にしたい。
あんたをコレクションとして自由にながめ、自由にさわり、
あんたの美しさを全部、この掌や目で確かめたい

五木寛之

『水中花』(新潮文庫)より

好きになればなるほど、
相手を所有したいという欲求は、
徐々にエスカレートしてゆく。
自分のことを見て欲しい、話をしたい、
手を繋ぎたい、キスをしたい……。
最後には、相手の生活を縛りつけてしまうこともある。
だが、それは愛と呼べるのだろうか。
一方的に求め、ただ与えられることを望むだけ。
相手に寄り添うことができなければ、
「好き」という気持ちは相手を傷つけることもある。

五木寛之（いつき　ひろゆき）
１９３２年９月30日生まれ。
小説家、随筆家。福岡県出身。
１９６６年『さらばモスクワ愚連隊』でデビュー。１９６７年には『蒼ざめた馬を見よ』で第56回直木賞を受賞する。代表作に『青春の門』『朱鷺の墓』などがある。また、『流されゆく日々』『大河の一滴』などのエッセイでも知られる。

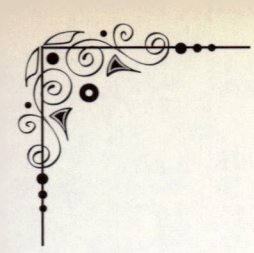

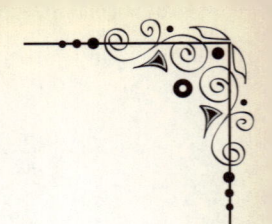

でも、好きって言いたくなかったの。
たぶん、それよりずっと好きだったから

村田沙耶香

『しろいろの街の、その骨の体温の』
（朝日新聞出版）より

愛の言葉というのは夢の話をするときに似ている。
心の中に秘めておくうちは鮮やかな色をしているが、
いざ口に出したとたんに自分でもおかしいくらい、
ちっぽけに聞こえてしまう。
言葉にしたことで相手が離れてしまう可能性を考えれば、
想いが真剣であるほど、愛の言葉を簡単には口にできない。
それでも人はあれこれと言葉を探してしまう。
「好き」の二文字だけでは足りない気がして。
だが、それでよいのかもしれない。
愛の言葉に正解なんてない。
問題なのは、想いを口にすることができるかどうかだ。

村田沙耶香（むらた　さやか）
１９７９年8月14日生まれ。
小説家、エッセイスト。千葉県印西市出身。２００３年、『授乳』で第46回群像新人文学賞を受賞しデビュー。コンビニでアルバイトをしながら小説を書き続ける。２０１６年、『コンビニ人間』で第１５５回芥川賞を受賞。現在、注目を集める作家である。

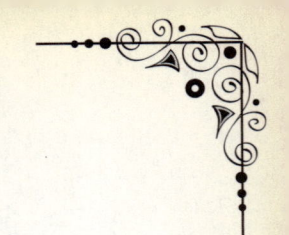

モイラはほんとうに綺麗で、そうして、ほんとうに仕様のないひとですね……だから、会わない。……

森茉莉

『甘い蜜の部屋』（ちくま文庫）より

誰だって美しい人が好きだ。
美しさの前では、人は平等であることを放棄してしまう。
だが、相手のすべてを受け入れることが、
本当の優しさだと言えるのだろうか。
間違っていることを間違っていると言わないのは、
決して相手のための優しさではない。
ただ、自分が嫌われたくないだけの弱さだ。
好きな人の前では、
甘い言葉ばかりをささやいていたくなるものだろう。
だが、相手を失いたくないあまりに、
「愛されること」ではなく、
「都合のいい人」であることを選ぶべきではない。
相手を想うなら、ときには愛ゆえの厳しさも必要なのだ。

森茉莉（もり　まり）
1903年1月7日生まれ。小説家、エッセイスト。東京出身。森鷗外の娘である。1957年、父との思い出をつづったエッセイ『父の帽子』で日本エッセイスト・クラブ賞を受賞。小説では『恋人たちの森』『甘い蜜の部屋』などが代表作。華麗で耽美的な世界を描く。1987年没。

二人きりでいつまでもいつまでも話していたい気がします。そうしてKissしてもいいでしょう。いやならばよします。この頃ボクは文ちゃんがお菓子なら頭から食べてしまいたい位可愛い気がします

芥川龍之介

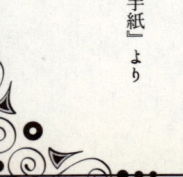

『塚本文子へ宛てた手紙』より

相手のことを想うあまり、
常に相手の顔色を伺って、
相手のいいなりになってしまうことがある。
自分がなにをすればよいのか、
なにを話せばよいのか、
挨拶のひと言や視線の置きどころにさえ困ってしまう。
日常生活に支障をきたしてしまうほど、
あふれ出る好きという気持ちが止められなくなるのだ。
恋はもはや一種の病気なのである。

芥川龍之介
（あくたがわ　りゅうのすけ）

1892年3月1日生まれ。小説家。東京出身。1914年、東京帝国大学在学中に、菊池寛、久米正雄らとともに第三次『新思潮』を創刊。夏目漱石に師事する。代表作に『羅生門』『藪の中』『河童』『歯車』などがある。1927年服毒自殺。妻である文子へ宛てた熱烈な恋文は、文豪の意外な一面として大きな話題となった。

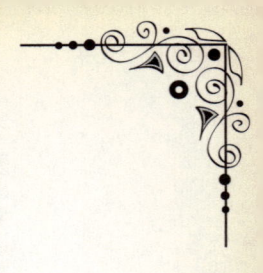

あたしあなたにさわりたい

赤坂真理

『ヴァイブレータ』（講談社文庫）より

「肌」はなぜあたたかいのか。
幼いころ抱かれた母の腕や、おぶってくれた父の背中、
そして、愛する人のぬくもり。
同じようにあたたかくても、
暖房器具のそれとはまったく異なるものだ。
自分とは違う者の存在感や、誰かがそばにいる安心感、
愛されているという実感。
それらすべての感覚を統合したものがあたたかさとして、
肌という感覚器官をつたって感じられるのだろう。
触れあうということは、
言葉を必要としないコミュニケーションなのだ。

赤坂真理（あかさか　まり）
1964年5月13日生まれ。小説家。東京出身。雑誌『SALE2』の編集長。1995年『起爆者』で小説家デビュー。1999年、『ヴァイブレータ』が第120回芥川賞の候補となる。主な作品に『蝶の皮膚の下』『東京プリズン』などがある。

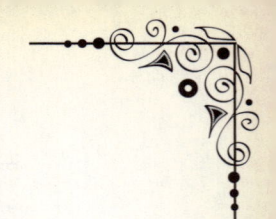

おまえはおれにとって、かけがえのない女だ。一緒に暮していて、まず、殆(ほとん)どといっていいほど、おれの神経にさわらないからな

津村節子

『さい果て』
（筑摩現代文学大系91／筑摩書房）より

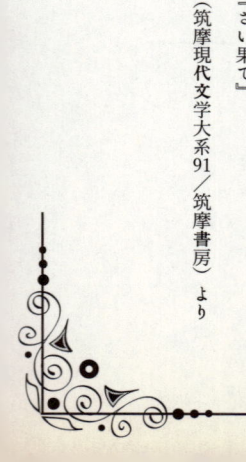

なぜこの人のことを好きなのか、
そんなことをふと考えるときがないだろうか。
顔が好き、性格が好き、料理がおいしい。
いずれにしても、ひとつの答えを導き出すのは難しい。
美人ならほかにいるだろうし、優しい人も、料理上手な人も、
探せばすぐに見つかるだろう。
それでも今の相手を好きになったからには、
他人にはない、なにか特別な理由があるにちがいない。
その理由に、まだ気づいていないだけかもしれないのだ。
どんな理由であれ、何十億人もの中から、
今、隣に誰かがいるということは、
まちがいなく奇跡だと思っていい。

津村節子（つむら　せつこ）
1928年6月5日生まれ。小説家。福井県出身。1959年、『華燭』で作家デビュー。1965年には『玩具』で芥川賞を受賞。代表作の『炎の舞い』『遅咲きの梅』『白百合の崖』『花がたみ』『絹扇』はふるさと五部作と言われる。夫は小説家の吉村昭。

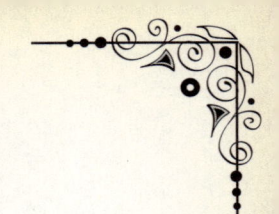

たったいま大事に思うのならあれこれあぐねて離れてしま
うことはない、世界なんかわたしとあなたでやめればいい、
そしてもう一度、わたしとあなたでつくればいい

川上未映子

『世界なんかわたしとあなたでやめればいい』
（発光地帯／中央公論新社）より

人間とは、なにかにつけ「あの時こうしていれば……」と、
日々後悔しながら生きるものだ。
しかし、後悔しようと思って生きている人などいない。
この人と一緒にいてもよいのだろうか……。
後悔しないためにそんな疑問を抱くのは自然なことだ。
未来の自分が後悔するかどうかは、今の選択にかかっている。
自分の気持ちを阻(はば)む理由が、
お金とか、仕事とか、世間体といった、
自分の心の外にあるものなら、その愛は守り抜いた方がいい。
自分に嘘をついてしまったら、
きっと過去の自分を許せなくなる日がくるだろうから。

川上未映子（かわかみ　みえこ）
１９７６年8月29日生まれ。小説家、詩人、ミュージシャン、女優。大阪市出身。２００７年、『早稲田文学０』誌上に発表した『わたくし率 イン 歯ー、または世界』で第１３７回芥川賞候補作となる。２００８年『乳と卵』で第１３８回芥川賞を受賞。代表作は『ヘヴン』『愛の夢とか』など。

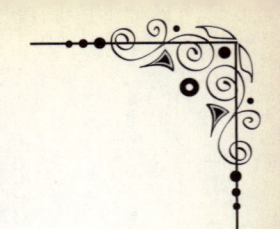

彼女は僕にとっての100パーセントの女の子なのだ。彼女の姿を目にした瞬間から僕の胸は不規則に震え、口の中は砂漠みたいにカラカラに乾いてしまう

村上春樹

『4月のある晴れた朝に100パーセントの女の子に出会うことについて』（カンガルー日和／平凡社）より

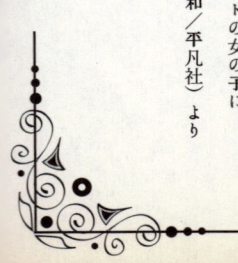

好きな人の欠点を見つけることは難しい。
なぜなら、恋をしているあいだ、
相手の特徴のすべてが魅力に見えるからだ。
恋は病と言うけれど、
まさに熱にうかされて世界が歪んで見えるように、
恋は正常な判断力をうばってしまう。
しかし、それはおかしいことではない。
恋なんて、そもそも冷静にするものではないのだ。
住む世界がちがうくらい美しく見える人にも、
「自分なんて……」と臆することはない。
もしかしたら、相手もちょうど、
同じ病にかかっているかもしれないのだから。

村上春樹（むらかみ　はるき）
1949年1月12日生まれ。
小説家、翻訳家。京都市出身。
1979年、『風の歌を聴け』
で群像新人文学賞を受賞し作家
デビュー。1987年、『ノル
ウェイの森』は上下巻あわせて
1000万部を超えるベストセ
ラーとなる。代表作は『羊をめ
ぐる冒険』『海辺のカフカ』など。

叶わぬ夢と笑われてもいい。若さでノボせたんだと言われてもいい。僕の寿命を十年分献上してもいいから、僕も彼女と結婚してみたい。足かせで繋がれ合う囚人みたいにして暮らしてみたい

伊藤たかみ

『助手席にて、グルグル・ダンスを踊って』（河出書房新社）より

愛を語るということは、往々にして恥ずかしいものだ。
けれど、恥ずかしいことの一体なにが悪いのだろう。
恥ずかしさを恐れてなにもできなかったために、
一体、青春の裏にどれほど涙が隠れていることか……。
愛はまず、自分自身で「愛」と呼ぶことからはじまる。
妄想とか、気の迷いとか、
そんな言い訳で自分を騙してはいけない。
もちろん、その愛が叶うとは限らないが、
あきらめなかった勇気だけは、
いつか自分を救ってくれるだろう。

伊藤たかみ（いとう　たかみ）
小説家。1971年4月5日生まれ。兵庫県神戸市出身。1995年、大学在学中に『助手席にて、グルグル・ダンスを踊って』で第32回文藝賞を受賞し小説家としての道を拓く。2006年、『八月の路上に捨てる』で第135回芥川賞受賞。

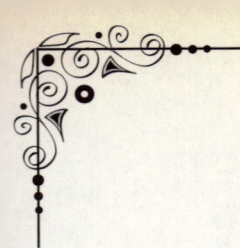

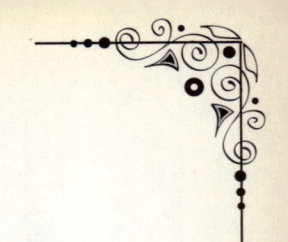

疲れた君がひたすら海をみるための
小さな白い椅子でありたい

齋藤芳生

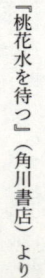

『桃花水を待つ』（角川書店）より

愛する人との時間にも、
ときに沈黙は必要なのかもしれない。
愛をささやくだけが恋人の役目ではない。
なにもせず、そばにいてあげるだけでもよいのだ。
一見、無意味なようでいて、
ひとりでいるときの静けさと、
ふたりきりのときの静けさは、
まったくの別物。
沈黙をゆるされると、人は安心するものである。

齋藤芳生（さいとう　よしき）
1977年2月20日生まれ。歌人。福島県出身。1999年、歌誌『かりん』に入会する。2007年、『桃花水を待つ』で第53回角川短歌賞を受賞。2010年、初の歌集となる『桃花水を待つ』を出版し、第17回日本歌人クラブ新人賞を受賞する。

あなたがしゅろうのかねであるなら
わたくしはそのひびきでありたい
あなたがうたのひとふしであるなら
わたくしはそのついくでありたい
あなたがいっこのれもんであるなら
わたくしはかがみのなかのれもん
そのようにあなたとしずかにむかいあいたい

新川和江

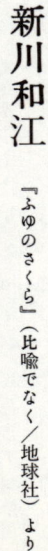

『ふゆのさくら』（比喩でなく／地球社）より

ふたりの出逢いが運命ならば、
なにがあってもその愛は変わらないのだろうか。
運命は、愛を約束してくれるものではない。
どんなに時間が経っても、周りの状況が変わっても、
気持ちが変わらないように努力することが大切だ。
もしもふたりの愛が壊れそうになったとき、
この人は運命の人じゃなかったのだと、
あきらめられるならそれでいい。
だが、周りのすべてに裏切られてもあきらめきれないなら、
自分の気持ちだけを信じて突き進め。
愛を守り抜く覚悟の前に、運命さえも跪く（ひざまず）だろう。

新川和江（しんかわ　かずえ）
１９２９年４月22日生まれ。詩人。茨城県出身。１９５３年、処女詩集『睡り椅子』を発表。１９８３年、吉原幸子とともに『現代詩ラ・メール』を創刊。代表作に『季節の花詩集』『ひきわり麦抄』などがある。

Column 恋にまつわるカクテル

小説の中で大人の恋を表現するアイテムとして欠かせないのが「カクテル」である。レストランやバーの席で、男女がグラスを挟んで会話する。そんなシーンを目にしたことはないだろうか。文学とカクテルの相性がよいのは、カクテルにはそれぞれ作られたきっかけや、名前に込められた意味があるからだ。それにより、単なる場面演出の小道具としてだけではなく、登場人物の心情を反映させることができる。

たとえば「キス・ミー・クイック」というカクテル。このカクテルにはその名の通り「はやくキスして」という意味がある。材料のリキュールに含まれるハーブの香りとほろ苦い味が、大人のキスを連想させるそうだ。似たようなものでは、「ビトウィン・ザ・シーツ」という、「ベッドに入って」という意味のカクテルもある。度数の高いカクテルで、本当にベッドに入る前の最後の一杯として飲まれることも多い。名前に込められた意味をカクテル自体で表現しているのがなんとも粋だ。

他にも、亡くなった恋人の名前をつけたカクテルや、比重のちがう七種類の材料をつかった、七色のカクテルなども存在する。どれも、ロマンチックな気分に浸れること間違いなしだ。ときには気持ちを表現するために、飲むお酒を選んでみてはいかがだろうか。

4 狂気的に
lunatic

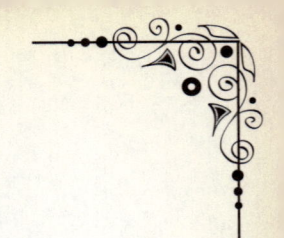

僕は君が結婚したら、死ぬ。きっと死ぬ

福永武彦

『海市』

（福永武彦集　新潮日本文学49／新潮社）より

恋に反則技などない。
どんな手を使ってでも、
相手をふり向かせようとするのが恋だ。
ときには自分の命さえ、賭けてしまっても構わない。
死ぬ、と言って心が揺れる相手なら、
少なからず自分のことを気にかけている証拠なのだから。

福永武彦（ふくなが　たけひこ）
　1918年3月19日生まれ。
小説家、詩人、フランス文学者。
福岡県出身。1948年、詩集『ある青春』と、短篇集『塔』を発表。1954年の小説『草の花』は青春文学の傑作。ほか代表作に『風土』『忘却の河』などがある。息子は作家の池澤夏樹。1979年没。

奥様、一生の御願いでございます。たった一度、私にお逢い下さる訳には行かぬでございましょうか。そして、一言でも、この哀れな醜い男に、慰めのお言葉をおかけ下さる訳には行かぬでございましょうか。私は決してそれ以上を望むものではありません。そんなことを望むには、余りに醜く、汚れ果てた私でございます。どうぞどうぞ、世にも不幸な男の、切なる願いを御聞き届け下さいませ

江戸川乱歩

『人間椅子』（角川文庫）より

恋はみじめなものだ。
惚れたら負け、という言葉がある。
どんなに願ってもふり向いてくれない相手だったとしても、
一度惚れてしまったら、我を忘れてすがりついてしまう。
他人にたしなめられようが、
自分で止めるすべはなく、
心は勝手に相手を求めてしまう。
その先に幸せなんてないとわかっていても、
恋の前ではじっとしてなどいられなくなるのだ。

江戸川乱歩（えどがわ　らんぽ）
１８９４年10月21日生まれ。小説家。三重県出身。１９２３年に雑誌『新青年』上に発表した『二銭銅貨』で作家デビュー。推理小説を得意とする一方で、エロ・グロ趣味に満ちた作品で人気を集める。代表作は『Ｄ坂の殺人事件』『孤島の鬼』『怪人二十面相』など。１９６５年没。

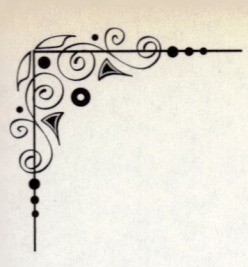

どうしてもあなたとは死ぬまで別れません

ライナー・マリア・リルケ

『駆落』（訳・森鷗外）より

この人だ、と決めた人に出逢えたのなら、
早い段階で「一生ついてゆく」と、
宣言するのもひとつの手かもしれない。
出逢ってすぐに「一生」なんて言葉を使われたら、
気が引けてしまうものではあるが、
ふたりの将来をはっきりさせるのに早すぎることはない。
もちろん、気持ちだけではうまくいかない恋もある。
だが、相手が一番愛しく見えるはずの、恋の初期にさえ、
「一生」という言葉を使うのにためらうような相手なら、
きっとその先も答えを出せないままだ。

ライナー・マリア・リルケ
1875年12月4日生まれ。オーストリアの詩人、作家。ドイツ語詩人の中で有名な人物のひとり。1902年に『新詩集』を発表。代表的な作品に『マルテの手記』『ドゥイノの悲歌』『オルフォイスへのソネット』などがある。1926年没。

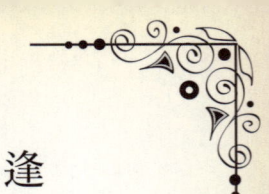

逢いたい逢いたいと願い続けてきたのに、逢っている最中も逢いたくて、あなたに抱かれている最中も逢いたいと思い続けてしまったわたしには、いま目の前にいるあなたが、幽霊のように思え、そして、あなたがわたしと同じように、逢いたい逢いたいと思い続けていることを知ったとき、わたしたちは一人なのだと知らされたのです

植松真人

『逢瀬までの。』（青空文庫）より

人となにかを共感するのは幸せなことだ。
もしも好きだという感情を共感できたら、
こんなに嬉しいことはないだろう。
だが、心を取り出して見せることはできない。
相手がどんなに自分のことを想っているか、
そのすべてはわからないし、
自分がどんなに相手のことを想っているかも、
すべて伝えきることはできない。
だからこそ、愛の言葉に助けられて、
人は好きという気持ちを共感できる。

植松真人（うえまつ　まさと）
１９６２年生まれ。小説家、コピーライター、映画監督。兵庫県伊丹市出身。１９９６年、東京コピーライターズクラブ新人賞受賞。主な小説作品に『コーヒーメーカー』『神さんが降りてきた』『主よ、人の望みの喜びよ』などがある。

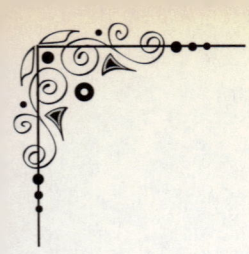

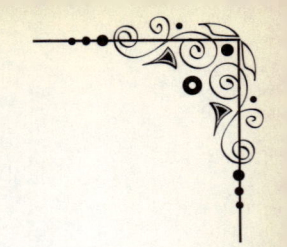

いっしょに死んでくれないか

瀬戸内寂聴

『花冷え』(夏の終り/新潮文庫)より

死にたいと思う理由は三つある。
ひとつはこの上なく不幸なとき、
もうひとつは幸せの絶頂にいるとき、
そして、人を愛しすぎたときだ。
死は、そこで時間を止めてしまう。
ときには許されない恋もあるだろう。
それでもふたりの想いが燃え上がって、
後には引けなくなってしまったら……。
完成されたふたりの愛に、「死」という釘をさして、
永遠に朽ちることのない標本にしてしまうのだ。

瀬戸内寂聴
（せとうち　じゃくちょう）
１９２２年５月15日生まれ。小説家。徳島市出身。１９５６年、『痛い靴』でデビュー。恋愛をテーマにした作品を多数執筆する。近年では天台宗の尼僧として法話も人気。代表作は『夏の終り』『花に問え』など。

私は、貴方に見放されたら地獄へ落ちて行ってしまうのよ。
灰になって吹き飛んでしまうきりなのよ。貴方の影だけを
見てては生きてはゆけないじゃありませんか。奥さんを愛
していらっしゃる、そのおあまりを、乞食みたいに貰う愛
情なんて厭（いや）だわ……

林芙美子

『浮雲』より

世間に背を向ける恋には、理由がある。
隠れてする恋は、初めは楽しいかもしれないが、
そこに永遠はない。
どんな恋愛であれ、大切なのは目先の情熱よりも、
相手が自分のことを一番に考えてくれるかどうかだ。
本当に平等な恋ならば、
後ろめたい思いをする必要などない。

林芙美子（はやし　ふみこ）
１９０３年12月31日生まれ。
小説家。山口県下関市出身。
１９２９年、処女詩集『蒼馬を見たり』を出版する。１９３０年、『放浪記』のヒットにより瞬く間に人気作家となる。代表的な作品に、『清貧の書』『浮雲』などがある。１９５１年没。

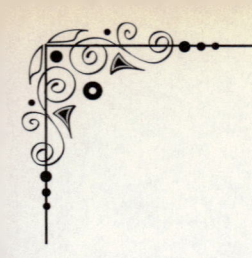

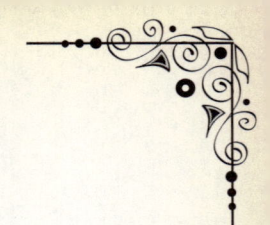

わたしが淋しいのは、あなたがわたしに欲情を抱いていないということに対してなの

森瑤子

『渚のホテルにて』(角川文庫)より

「欲情」という言葉に、あまりよい印象はない。
だが、好きな人に欲情するのは自然なことだ。
いくら口先で愛の言葉をささやいても、
本能が相手を求めていなければ、恋は燃え上がらない。
本能が相手を求めているという事実を認めた上で、
相手を大切にしてあげられる道を考えればよい。

森瑤子（もり　ようこ）
　1940年11月4日生まれ。小説家。静岡県伊東市出身。1978年、『情事』でデビューする。代表作は『誘惑』『熱い風』など。作品は数々テレビドラマ化され、人気を博す。ファッションにも精通し、同性からの支持を集めた。1993年没。

いつもきみをみていたいのだ。ぼくはいつもきみをおもっていた。でもおもったり想像したりするだけでは不安で死にそうになる。きみのそばにいてみたりさわったりしたい。毎日髪ののびるのをみまもったり、冷たいおしりにさわったりしたい……

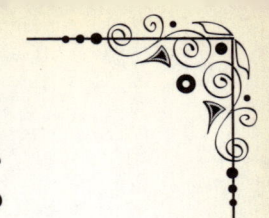

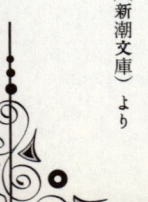

倉橋由美子

『聖少女』（新潮文庫）より

多くの恋は、片想いから始まる。
片想いのあいだは妄想に明け暮れることもあるだろう。
妄想の世界では、なんのリスクもなく、
恋を楽しむことができるからだ。
ただ、どんなに妄想の世界で愛をささやいても、
その声が現実の相手に届くことは決してない。
ときどき妄想の世界に逃げ込むことがあってもいい。
だが、いつまでもその世界に閉じこもっていてはだめだ。
不器用でも愛を伝える努力をすれば、
その妄想もいつか現実に変わるかもしれないのだから。

倉橋由美子（くらはし　ゆみこ）
1935年10月10日生まれ。
小説家。高知県出身。明治大学在学中の1960年、『パルタイ』で明治大学学長賞を受賞。代表作は『聖少女』『大人のための残酷童話』など。小説だけでなく翻訳やエッセイも発表。2005年没。

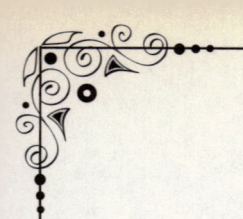

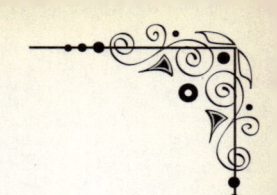

私はおまえのことを思っているよ。
いとおしい、なごやかに澄んだ気持の中に、
昼も夜も浸っているよ、
まるで自分を罪人ででもあるように感じて

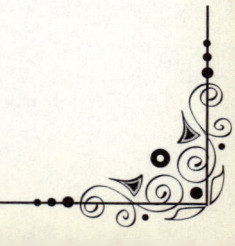

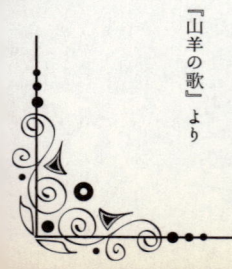

中原中也

『山羊の歌』より

一日中相手のことばかり考えていると、
ときどき、罪悪感に苛まれることがある。
ひとりきりでぐるぐると思考の迷路にはまっていると、
人生をサボっているようで不安になってしまう。
だが、人にはなにもせずにただ考える時間も必要だ。
考えることによって、
あたらしいなにかが見えてくることもあるし、
気持ちを再確認できることもある。
考える時間がなければ、
人は恋する自分を見失ってしまうのだ。

中原中也（なかはら　ちゅうや）
１９０７年4月29日生まれ。
詩人、歌人、翻訳家。山口県出身。１９２９年、同人誌『白痴群』を創刊する。『山羊の歌』『在りし日の歌』などの詩集を残したほか、『ランボオ詩集』の翻訳でもその名を知られている。
１９３７年没。

彼とずっと一緒にいられるためならどんなことだってしたい。あたし、彼の奥さんへの慰謝料のために働いたってかまわない、なんて思うのよ、信じられる？　彼を愛していてどうしようもないの。この愛さえあれば、あたし、本当に何もいらない

梅田みか

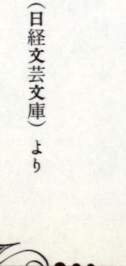

『書店員の恋』（日経文芸文庫）より

孤独は誰でも怖いものだ。
愛を失いそうになると、
正しくないとわかっていても、
自分を止められなくなってしまうことがある。
愛さえあれば、
どんなことがあっても耐えられると思ってしまう。
ただ、ときにそれは愛ではなく、
孤独への恐怖がそうさせている場合がある。
自分が不幸になっても、
相手と一緒にいたいと望むのは構わない。
しかし、不幸になることを止めようとしない相手なら、
ふたりの愛の形を一度見つめなおした方がいいだろう。

梅田みか（うめだ　みか）
１９６５年２月１日生まれ。脚本家、エッセイスト。東京出身。１９９４年、テレビドラマ「恋とはどんなものかしら」で脚本家デビュー。１９９８年に、『愛人の掟』がベストセラーとなり、エッセイストとしても活躍する。小説では『別れの十二か月』『書店員の恋』などの作品がある。

人妻になったそなたを恋い慕うのは人間のする事ではないと、心で強(きつ)う制統しても、止まらぬは凡夫(ぼんぷ)の想じゃ。そなたの噂を聴くにつけ、面影を見るにつけ、二十年のその間、そなたの事を忘れた日は、ただ一日もおじゃらぬわ

菊池寛

『藤十郎の恋』より

好きな人がいるときでも、
別の誰かから甘い誘いを受けることがある。
満ち足りた恋は、波ひとつない海のようだ。
それはある意味退屈なもの。
だから、ときどき刺激をもとめて、
別の場所へ寄り道したくなる。
だが、一瞬の刺激のためにすべてを失う覚悟が、
あなたにはあるのか。
あなたの目に「退屈」に見えるそれは、
これまでふたりで積み上げてきた「安寧」かもしれない。

菊池寛（きくち　かん）
　１８８８年12月26日生まれ。小説家、劇作家、ジャーナリスト。香川県高松市出身。１９１４年、芥川龍之介、久米正雄らとともに第三次『新思潮』を立ち上げる。主な作品に『恩讐の彼方に』『真珠夫人』など。『文藝春秋』を創刊し、芥川賞・直木賞を設立した人物でもある。１９４８年没。

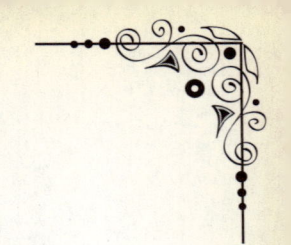

あなたの子供が産みたいわ

谷村志穂

『君はなぜ泳ぐのをやめるんだ』（角川文庫）より

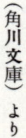

子供を産むときの痛みは男にはわからない。
女は子供が生まれた瞬間から母親になるが、
男は子供を育てながら徐々に父親になってゆく。
社会的な責任を背負うのは一緒だが、
より重い決意を迫られるのは、女の方だろう。
生まれた子供は、ひとりでは歩けない。
自分の意志で生まれてきたわけでもないのに。
だからこそ、幸せにする自信はなくても、
幸せにするという覚悟だけは持たなければならない。
覚悟を持った親の元に生まれてきた子供は、
きっと幸せになれるはずだから。

谷村志穂（たにむら　しほ）
　１９６２年10月29日生まれ。小説家。北海道札幌市出身。１９９１年、『アクアリウムの鯨』で、小説家としてのスタートを切る。主な作品に『十四歳のエンゲージ』『スノーホワイト』『冷えた月』などがある。ほかにもノンフィクションやエッセイなど、幅広い方面で活躍している。

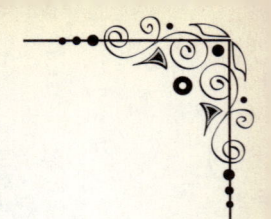

そのあらわな腕のかよわさ――その腕を、しなだれた愛しい四肢すべてを、うずくまった子馬のようなおまえを抱きしめたい、おまえの頭をこの卑しい両手の中に抱いて、両側のこめかみの皮膚を後ろに引き、細くなったおまえの目に口づけたい、それから――

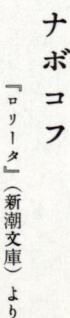

ウラジーミル・ナボコフ

『ロリータ』（新潮文庫）より

恋人の身体の中で、好きなパーツがあるはずだ。
大きな背中や凛々しい眉毛、やわらかい髪の毛、綺麗な肌。
いずれにしても、好きなパーツがあることは、
ふたりの仲を繋ぎとめるのに重要な役割を果たしてくれる。
目に見える好きな部分があれば、
喧嘩してしまったときでも、
ふとそのパーツが目に映ることで、
相手のことを許すきっかけになることがある。
心という目に見えない繋がりももちろん大切だ。
だが、「やっぱり好きだ」、
という気持ちを呼び起こすスイッチとして、
相手の好きなパーツを見つけておくのもいいかもしれない。

ウラジーミル・ナボコフ
　１８９９年4月22日生まれ。作家、詩人。ロシア出身。昆虫学者でもある。ほかにも戯曲や翻訳、評伝などの活動も行なった。１９１９年、ヨーロッパに亡命。１９５５年、代表作『ロリータ』により世界的に有名な作家となる。日本でも多くの作品が翻訳され、今なお読み継がれている。１９７７年没。

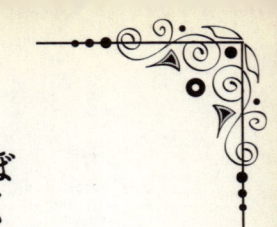

ぼくはもう何度も、彼女を食べる夢を見た。あまり火を通さない、生焼けのうちがいい。彼女は従順で、肉になっても微笑を絶やさず、仔牛と野鳥の中間のような味がして、なんとも言えずいとおしい。彼女に対する情感が、煮詰められて、けっきょく食欲に収斂(しゅうれん)してしまうらしいのだ

安部公房

『箱男』(新潮文庫)より

「食べてしまいたい」というのは、
最高の愛情表現かもしれない。
それは、相手のすべてを知り、すべてを手に入れて、
自分の中に隠してしまいたいということだからだ。
言われた方は、ふざけているのかと思うかもしれないし、
少しぞっとしてしまうかもしれない。
愛情と狂気は、表裏一体なのだ。

安部公房（あべ　こうぼう）
１９２４年3月7日生まれ。小説家、劇作家、演出家。東京出身。１９４８年、『終りし道の標べに』で作家としてデビューする。１９５１年には『壁―S・カルマ氏の犯罪』で第25回芥川賞受賞。代表作に『砂の女』『箱男』『方舟さくら丸』などがある。１９９３年没。

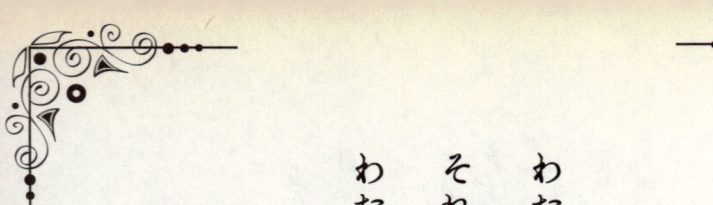

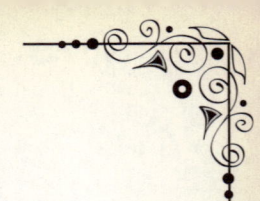

わたしね、本当のことを聞きたいの。私たちが結婚して、
それから後で、あなたに愛人が居たことが解ったりしたら、
わたし自殺するわよ

石川達三

『青春の蹉跌』（新潮文庫）より

結婚式で永遠の愛を誓っても、
神様がふたりの愛を保証するわけではない。
隠しごとは、愛を破滅させる。
人間だから、失敗することもあるだろう。
大切なのは、そのときに誠実になれるかどうかだ。
どんなに失敗をくり返しても、
相手を傷つけるような嘘をついてはならない。
愛は自分たちで守るもの。
誠実さだけが、ふたりの愛を永遠に保証する。

石川達三（いしかわ　たつぞう）
１９０５年７月２日生まれ。小説家。秋田県出身。１９３０年、半年間ブラジルへ渡り、その経験をもとに書いた『蒼氓』で第１回芥川賞受賞。『風にそよぐ葦』や『人間の壁』などの社会派作品から、『青春の蹉跌』『僕たちの失敗』など、恋愛がテーマの作品まで作風は多岐にわたる。元日本ペンクラブ会長。１９８５年没。

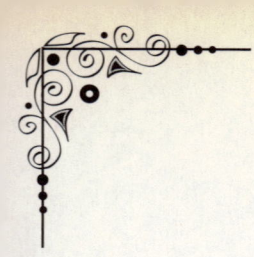

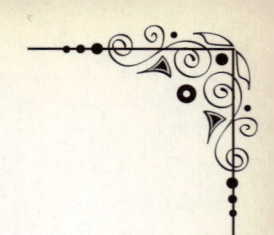

おまえのゲロだったら、きれいに舐めてやるよ

花村萬月

『夜を撃つ』（角川文庫）より

たくさん贈り物をして、
たくさんデートに連れて行って、
たくさん楽しませてあげたい。
恋人に対してそう思えるのは誰だって同じである。
楽しい時間を共有できる相手は確かに大切だ。
しかし、自分の失敗も、コンプレックスも、
すべてを受け入れてくれる相手はもっと大切だ。
相手がどうして自分のことを好きなのかわからないとき、
そこには理屈抜きの強力な愛があると思っていい。
悪い部分さえ愛してくれる相手はきっと、
なにがあっても自分のことを守ってくれる。

花村萬月（はなむら　まんげつ）
１９５５年２月５日生まれ。小説家。東京出身。１９８９年、『ゴッド・ブレイス物語』で、第２回小説すばる新人賞受賞し、小説家として出発する。１９９８年には『ゲルマニウムの夜』で第１１９回芥川賞を受賞。『なで肩の狐』や『紅色の夢』など多くの作品が映画化されている。

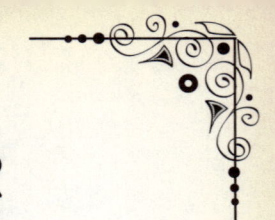

あなたが誰かのものになっていく。その過程がわたしには
よく見えるだろう。両袖ならば触れ合えたのに、わたしは
片袖にのみ火を放った。片袖に生まれたこの赤い魚があな
たへ燃え渡りますように。誰かのものになる間もなく、わ
たしたち、灰になるのだ

文月悠光

『片袖の魚』（わたしたちの猫／ナナロク社）より

好きな人を誰かに盗られた経験があるだろうか。
男は、浮気をした女を責めるが、
女は、男の浮気相手を責めるものらしい。
男にしろ、女にしろ、その恋が本気であればあるほど、
簡単にあきらめられるものではない。
いっそ、恋人と一緒に死んでやろうとか、
恋人の浮気相手を殺したいとか、
そんなことすら考えてしまうかもしれない。
心変わりは仕方ない。
だが、一度点けてしまった恋の炎は、
ちゃんと後始末をしてから次に行くのがマナーである。

文月悠光（ふづき ゆみ）
１９９１年７月23日生まれ。詩人。北海道札幌市出身。２００７年に詩学最優秀新人賞、２００８年に過去最年少で現代詩手帖賞を受賞。２００９年には第一詩集『適切な世界の適切ならざる私』を出版する。近年ではＮＨＫ全国学校音楽コンクール課題曲の作詞を手がけるなど、活躍の場を広げている。

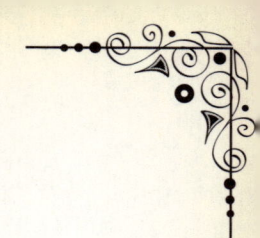

先生、首をしめてもいいわ。うちに帰りたくない

川端康成

『みずうみ』（新潮文庫）より

人は、恋のためなら、命を賭けることもある。
それは決して命を軽々しく扱っているのではなく、
恋が命より重く感じられるからだ。
実際、男女のいざこざから殺人事件に発展してしまったり、
失恋をきっかけに自ら命を絶ってしまったケースもある。
それくらい、恋は人を夢中にさせてしまう。
だが、夢中になることそのものは悪いことではない。
絶望のどん底にいた人が、
恋をきっかけに希望を持つこともある。
人生と恋とは切っても切れない関係だ。
だから、人を狂わせる力を持っていても不思議ではない。

川端康成（かわばた　やすなり）
　1899年6月14日生まれ。小説家、文芸評論家。大阪府出身。1924年に横光利一らとともに同人誌『文芸時代』を創刊。当時、新感覚派と呼ばれた。1968年には日本人初となるノーベル文学賞を受賞する。代表作は、『伊豆の踊子』『禽獣』『雪国』『眠れる美女』『古都』など。1972年没。

僕はね、景色に恋がしたいのだ。信ちゃんという美しい風景にね。僕は夢自体を生きたい。信ちゃんの言葉だの、信ちゃんの目だの、信ちゃんの心だの、そんなものをいっぱいにつめた袋みたいなものに、僕自身がなりたいのだ。袋ごと燃えてしまいたい

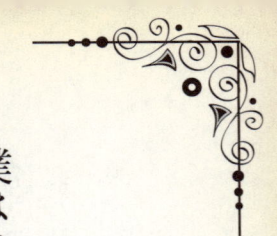

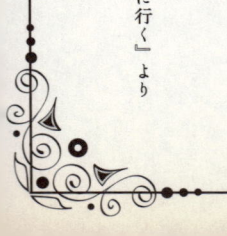

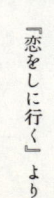

坂口安吾

『恋をしに行く』より

恋が過熱しすぎると、わけがわからなくなって、
めちゃくちゃにされたいと思うことがある。
しかし、恋にふり回されることを怖がる必要はない。
人生には、どんな失敗も、どんな恥ずかしいことも、
いつかは思い出になるというルールがあるからだ。
ならば、今は恋におかしくなる自分さえも、
楽しんでみるという気持ちでいればいい。
ふり回されるのが恋の醍醐味と言ってもよいのだから。

坂口安吾（さかぐち　あんご）
１９０６年10月20日生まれ。小説家、評論家、随筆家。新潟市出身。１９３９年、友人らと同人雑誌『言葉』を創刊する。その翌年に発表した『風博士』によって一躍注目を浴びる。代表作は『白痴』『桜の森の満開の下』など。エッセイの名手としても知られる。１９５５年没。

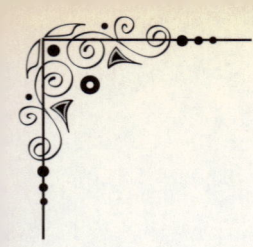

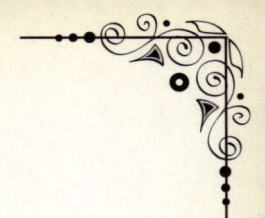

神様、神様。あなたはなぜ私たち二人を、一思いに屠殺して下さらないのですか……

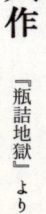

夢野久作

『瓶詰地獄』より

恋は祝福されるものばかりではない。
世間に背を向ける恋もあるのだ。
道徳という言葉がひどく邪魔なものに思えてしまって、
ふたりだけの世界で、
愛だけをむさぼって生きてゆきたくなる。
もしも世間なんてものがなかったら、
いつまでも愛しあえるのに、
人は愛の重さと、その愛の正しさとを、
天秤にかけてしまうのだ。
本当に許されない恋があるというのなら、
狂おしい気持ちは一体どうしたら報われるのだろう……。
神様は大切なときにこそ、答えをくれないものだ。

夢野久作（ゆめの　きゅうさく）
1889年1月4日生まれ。
詩人、SF作家、探偵小説家、幻想文学作家。福岡市出身。禅僧や新聞記者など異色の経歴を持つ。1926年に『あやかしの鼓』を雑誌に発表し、作家としてスタートする。代表作の『ドグラ・マグラ』は日本三大奇書のひとつと言われている。1936年没。

Column ちょっぴり怖い花言葉

花言葉といえば、どちらかというと情熱的なイメージがあるだろう。それはきっと花の持つ美しいイメージからきているものだ。しかし、中には拒絶の意思を示すトゲトゲしい花言葉もある。

まずは「オシロイバナ」。種を砕くと白い粉が出てくることから、子供がお化粧遊びをするのにつかわれることもある花だ。よく目にする一般的な花だが、花言葉のひとつが「恋を疑う」というもの。同じ株から、赤や白といった何色の花が咲くかわからないことに由来している。たしかに、校庭に咲いていたオシロイバナは、赤だったり白だったりバラバラの色だった記憶がある。次に、「見捨てられた」という意味を持つ「アネモネ」。これはかつてローマ神話の女神フローラが、娘であるアネモネに嫉妬し、花の姿に変えてしまったことが由来だ。最後に、「ゴボウ」。根は食用として幅広い料理につかわれているが、花について触れられることはあまりない。ゴボウはアザミのようにツボミの部分にトゲのある花を咲かせる。そのイメージから「私にさわらないで」という花言葉を持っているのだ。もしも花のプレゼントをもらったら、まずはその裏に込められた意味を考えてみるのもいいだろう。美しい花に罪はないが、ひょっとしたら復讐に使われていることもあるかもしれない。

5 浪漫的に
romantic

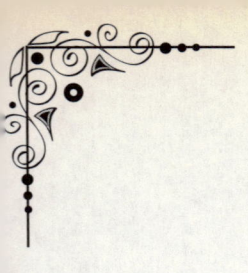

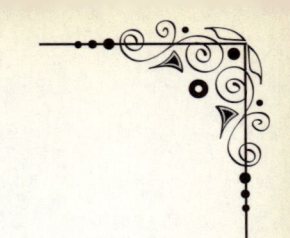

今夜は、まだひと言も口説きませんね

片岡義男

『お腹が痛い』（香水と誕生日／講談社文庫）より

女性とふたりきりでバーに行ったなら、
一度は口説くのが礼儀である。
もちろん、うまくかわされることが大半だろうし、
相手が純情な娘なら激しく拒絶されるかもしれない。
だが、ふられたらふられたで、ひとりで酒を飲めばよい。
孤独もまた、酒をおいしくするひとつの肴なのだから。
それより、もし口説かれるのを待っている女性がいたときに、
なにもせずに別れてしまったら、
きっと彼女は家に帰ってひとりで泣くだろう。
そうした悲しい女性（ひと）をつくらないために、
やはり、一度は口説いてみるべきである。

片岡義男（かたおか　よしお）
1939年3月20日生まれ。小説家、エッセイスト、写真家、翻訳家、評論家。東京出身。1974年に『白い波の荒野へ』でデビュー。代表作である『スローなブギにしてくれ』『彼のオートバイ、彼女の島』『メイン・テーマ』『湾岸道路』などは映画化されている。

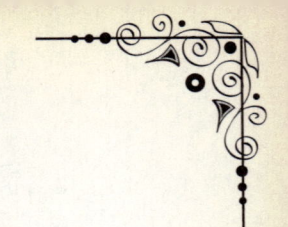

頼むから、口をつぐんで、僕に恋をさせてくれ

ジョン・ダン

『聖列加入』

（ジョン・ダン全詩集／名古屋大学出版会）より

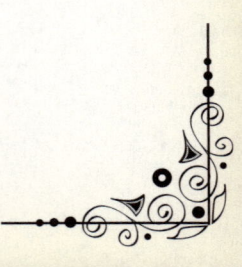

恋には真面目にならなければいけない瞬間が存在する。
普段、どんなにふざけあっているふたりでも、
なにも言わず見つめあうような瞬間が訪れる。
そんなとき、気恥ずかしさゆえに冗談を言ってしまったり、
どこかぎこちない気持ちになってしまったりするものだ。
だが、相手が真面目に向きあうことを望んでいるのなら、
少しだけ我慢をして、
黙って相手の言葉に耳を傾けてみるといい。
きっと恋が今以上にうまくゆくから。

ジョン・ダン

1572年生まれ。イギリスの詩人、聖職者。恋愛詩から宗教詩、社会風刺に富んだものまで、時代とともにさまざまな作品を残した。イギリスの文学を語る上で、彼の存在は無視できないものとなっている。1631年没。

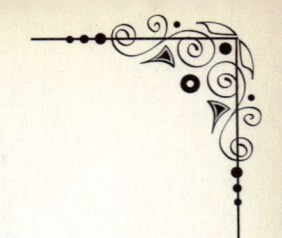

僕はあなたをおもうたびに
一ばんじかに永遠を感じる

高村光太郎

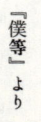

『僕等』より

その人のそばにいると、自然な姿でいられるとき、
きっとふたりの相性はとてもよいのだと思う。
絶対に離さない、死んでもついてゆく、
そういった熱い決心なんてしなくても、
一緒にいることがあたりまえで、
別れる予感など微塵も感じられない。
自然な姿でいられる相手が、
生涯をともにできる人なのかもしれない。

高村光太郎（たかむら　こうたろう）
1883年3月13日生まれ。詩人、彫刻家。東京出身。1914年、詩集『道程』を出版する。洋画家である妻・智恵子について書いた『智恵子抄』が大きな反響を得た。画家や彫刻家としても数々の作品を残し、高い評価を受けている。1956年没。

ひと晩だけでいいの。わたしにも、思い出をくれる？

小手鞠るい

『星月夜』

（恋のかたち、愛のいろ／徳間文庫）より

報われない恋の前で、素直に負けを認められる人は、
きっとうまくゆく。
意地を張って涙をこらえたり、
本当は好きじゃなかったなんて強がったり、
去る人の背中にいつまでもすがりついていてはならない。
それより、ひらき直って、
好きだったことは認め、
それを思い出にできるように努めることだ。
どんな恋だって、
そこに区切りをつけることさえできれば、
ひとつの大事な経験になる。

小手鞠るい（こでまり　るい）
　1956年3月17日生まれ。
小説家、詩人、エッセイスト。
岡山県出身。1981年に詩と
メルヘン賞を受賞し、デビュー
する。1993年には『おとぎ
話』で海燕新人文学賞を受賞し、
小説家としても活動を開始。『欲
しいのは、あなただけ』『エン
キョリレンアイ』などの作品を
発表している。

永久のものは何もありはしない。けれども、ぼくが昨日あなたの唇に味わったあの燃えるいのちは、今もしみじみと感じているあのいのちは、どんな永遠がやってきたって消すことなんかできないのだ

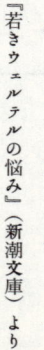

ヨハン・ヴォルフガング・フォン・ゲーテ

『若きウェルテルの悩み』（新潮文庫）より

初めてのキスの記憶は、
どんなに思い出の棚がいっぱいになっても、
捨てずにどこかへしまわれているものだ。
それはふとした瞬間に、
記憶の奥底から転げ落ちてくる。
どうしても忘れたくないわけじゃない。
きっと、「この瞬間を忘れない」と誓った昔の自分を、
どこかで裏切りたくないと思っているのかもしれない。

ヨハン・ヴォルフガング・フォン・ゲーテ
１７４９年８月28日ドイツの詩人、作家。小説では『若きウェルテルの悩み』『ヴィルヘルム・マイスターの修行時代』、詩劇では『ファウスト』など、名作を発表。日本でも多くの作家がゲーテの作品に影響を受けたことを公表している。政治家や科学者としても功績を残した。１８３２年没。

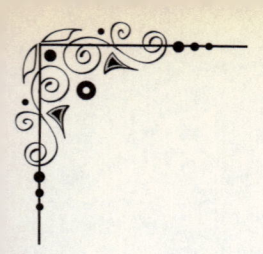

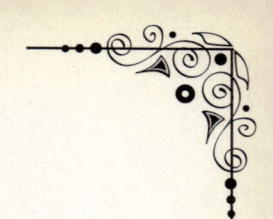

娘は誘惑されなくちゃいけないの
それもあなたのようなひとから

茨木のり子

『あほらしい唄』
（茨木のり子詩集／岩波文庫）より

多くの恋は、どちらかが誘惑することから始まる。
だが、誰だって初めから人を誘惑できるわけではない。
恋に慣れていないうちは、
一度のデートに誘うことさえ難儀である。
誘惑する方だって、決して簡単ではないということだ。
もしも口説かれることを望むなら、
ただ待っているだけではいけない。
ときには自分から隙を見せて、
口説きやすくしてあげる配慮も必要だ。
高嶺の花よりも、少しくらい欠点のある人の方が、
恋心をくすぐるものだから。

茨木のり子（いばらき　のりこ）
１９２６年6月12日生まれ。同
大阪市出身。１９５３年に、同
人誌『櫂』を創刊。多くの詩
人を輩出した。代表的な作品
は、詩集『鎮魂歌』『自分の感
受性くらい』など。「わたしが
一番きれいだったとき」は多
数の国語教科書に掲載され、世
代を超えて読み継がれている。
２００６年没。

怖がらなくていいさ、僕はお前に惚れているんだもの、
バカだね

北原白秋

『福島俊子へ宛てた手紙』より

どんなに気の強い人でも、
愛する人の前では情けない姿に変わるものだ。
先生だって、上司だって、政治家だって、
みんな同じように家では誰かに甘えている。
だから、自分に惚れている相手の前では、
思っていることを素直に言っても構わない。
対等に恋をしたいのなら、
変に気を使いつづける必要はないのだ。
なにも言わずに不満をためるより、
すべてを打ち明けてしまった方が、恋はきっとうまくゆく。

北原白秋（きたはら　はくしゅう）
１８８５年１月25日生まれ。福岡県出身。詩人、歌人。１９０９年に初の詩集『邪宗門』を発表する。代表作は『思ひ出』『桐の花』など。また、多くの童謡や校歌の作詞も手がけている。妻となる福島俊子は、白秋と出逢った当時まだ人妻だった。１９４２年没。

残念だわ。こんな素敵な夜に眠ってしまうなんて

小川洋子

『六角形の小部屋』

（薬指の標本より／新潮文庫）より

夜はもっともロマンチックな時間だ。
大人のデートも、基本は夜が多い。
夜の街は汚いものなどすべて隠されて、
灯りだけが煌めいて見えるからだ。
だからこそ、人は少しでも長く夜の中にいようとする。
眠ってしまうことなんてもったいなくて、
いつまでもこのままでいたいと考える。
だが、どんなに引き延ばしても、いつか朝は訪れる。
ならば、少しくらい名残惜しい気分の中で眠りにつく。
それがもっとも幸せな夜の終わり方なのかもしれない。

小川洋子（おがわ　ようこ）
　１９６２年3月30日生まれ。
小説家。岡山市出身。１９８８年『揚羽蝶が壊れる時』で海燕新人文学賞を受賞し、デビューする。１９９１年には『妊娠カレンダー』が第１０４回芥川賞を受賞。その後も読売文学賞をとった『博士の愛した数式』などのベストセラーを世に送り出し続けている。

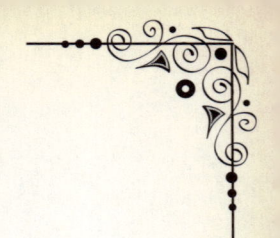

もう青春は終ったと思っていたのに

有吉佐和子

『悪女について』（新潮文庫）

青春とは、具体的に定められた期間ではない。
後からふり返って、あれが青春だったと思えたとき、
ようやく自分の青春がいつだったのか判別できる。
多くの人の場合、それが学生時代だというだけだ。
ただ、青春は一度きりではない。
どんなに年をとっても、
恋をすれば人は周りが見えなくなるし、
生きているのが楽しくなる。
これを青春と呼ばずして、なんと呼べばよいのか。
遠くをふり返ることをやめて前を向けば、
案外、すぐそばに青春を見つけることができるかもしれない。

有吉佐和子（ありよし　さわこ）
1931年1月20日生まれ。小説家。和歌山市出身。1956年に『地唄』が芥川賞候補となりその名を知られるようになる。代表作は『紀ノ川』『出雲の阿国』『恍惚の人』など。多くの作品がテレビドラマ化されている。1984年没。

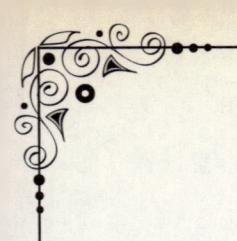

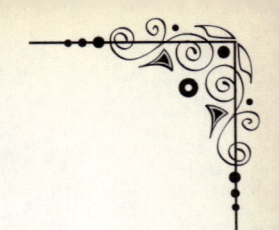

君を夏の日にたとえようか。
いや、君の方がずっと美しく、おだやかだ

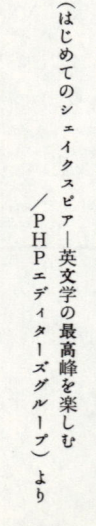

ウィリアム・シェイクスピア『ソネット第18番』
（はじめてのシェイクスピア―英文学の最高峰を楽しむ／ＰＨＰエディターズグループ）より

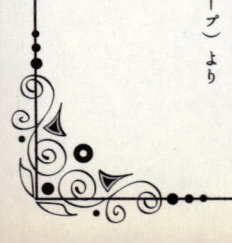

人を褒めるとき、
なにかにたとえるのはよくつかわれる方法だ。
子供に「お人形さんのよう」と言ったり、
美しい女性に「女優さんみたい」と言ったりする。
しかし、それらの言葉はそこら中に転がっていて、
もはや心の奥までは響かない。
とりわけ恋人を褒めるときに、
ありふれた言葉を選ぶのはよした方がいい。
恋人を褒めるために、人の言葉を借りるなど、
真実の愛を疑われても仕方がない。
どんなに陳腐な表現でも構わない。
自分自身で言葉を紡いでゆくべきだ。

ウィリアム・シェイクスピア
１５６４年４月23日生まれ。
イギリスの詩人、劇作家、役者。
文学史上、もっとも有名で偉大な作家のひとり。代表作の『オセロ』『ハムレット』『マクベス』『リア王』は四大悲劇と呼ばれている。ほか、『夏の夜の夢』や『ベニスの商人』といった名作も残している。１６１６年没。

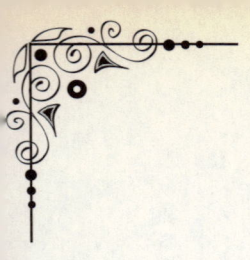

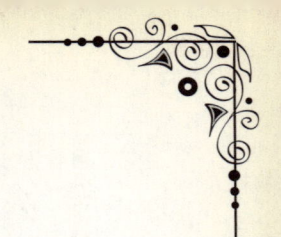

私はあなたを夢にみていた

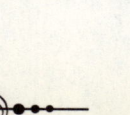

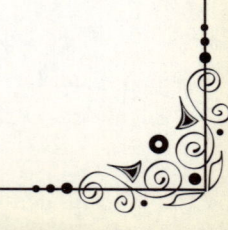

菱山修三

『盛夏』（角川文庫）より

夢に出てきた人を、意識してしまうことはないだろうか。
人は夢を特別なものと考えている。
夢は、心の奥底で気にかけていることを、
すべて浮き彫りにしてしまうからだ。
自分の気持ちに迷いがあるとき、
夢になにかを問いかけてみるのもよいかもしれない。
それは、自分自身に問うことと同じなのだから。
人は、夢の前では嘘がつけない。

菱山修三（ひしやま　しゅうぞう）
１９０９年8月28日生まれ。
詩人。東京出身。大学時代から堀口大學に師事する。堀口の編集する雑誌『オルフェオン』に詩を発表し、そこから活動の場を広げる。主な作品に、詩集『荒地』『望郷』『たらちねの母をうしなふ』などがある。１９６７年没。

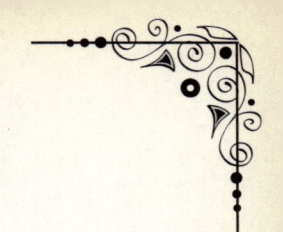

ウワキは嫌いじゃねえんだろう。
俺はこの前あんたと踊っててそう思ったんだ

石原慎太郎

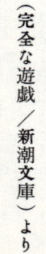

『狂った果実』
（完全な遊戯／新潮文庫）より

浮気は火遊び、と表現されることがある。
大抵の場合は、子供のいたずらのように一時的なもので済む。
しかし、ときには大きな火事になりかねない。
やってはいけないことの方が、スリルがあるのは当然だ。
規則に縛られた生活の中で、刺激を求めるという本能を、
悪だと言い切ってしまう気はない。
ただ、絶対に悲しませたくない人がいるなら話は別だ。
その刺激は果たして、
愛する人を傷つけてまで欲しいものなのだろうか。

石原慎太郎　（いしはら　しんたろう）
１９３２年９月30日生まれ。作家、政治家。兵庫県神戸市出身。１９５５年、一橋大学在学中に、『太陽の季節』で第１回文學界新人賞を受賞する。翌年、同作で第34回芥川賞を受賞し、映画化もされる。その後は政治家として活躍の幅を広げる。芥川賞選考員を務めるなど、作家としての活動も継続した。

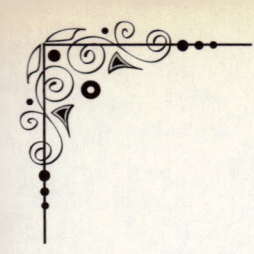

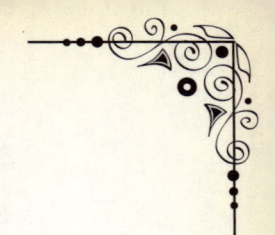

あなたは私の中であの夜、永遠になりました

辻仁成

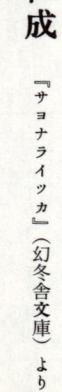

『サヨナライツカ』（幻冬舎文庫）より

思い出がどれだけ記憶に残るかは、
相手と関わった時間だけでは決まらない。
たった一瞬だけでも、
心に鮮烈な印象を与える出来事があれば、
人はその思い出を一生忘れないこともある。
思い出をずっとひとりで抱えて生きてゆくのもいいけれど、
もしも想いつづけてきたことを伝えられる機会があれば、
勇気を出して伝えてみるのもいいかもしれない。
忘れられていたらそれまでだし、
もしも憶えてくれていたら、
再会をよろこぶ話の種くらいにはなるだろう。

辻仁成（つじ　ひとなり）
１９５９年10月４日生まれ。作家、ミュージシャン、映画監督、演出家。東京出身。ロックバンド「ECHOES」として音楽活動を行なっていたが、１９８９年、『ピアニシモ』で第13回すばる文学賞を受賞し、作家デビューを果たす。１９９７年には『海峡の光』で第１１６回芥川賞を受賞。主な作品に『オープンハウス』『アンチノイズ』などがある。

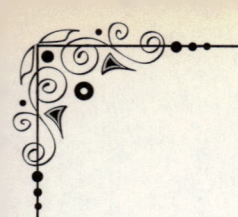

きみを知る前の人生を忘れてしまいたい。ぼくはきみから
始まり、きみで終わる、きみがすべて、きみだけを通して
呼吸している

ジャン・コクトー

『ジャン・マレーへの手紙』
（東京創元社）より

恋は麻薬のようなものだ。
人生を180度変えてしまうことがある。
一度手を出してしまうと、
それがなければもう生きられなくなってしまう。
ただ、麻薬はやがて身を滅ぼすが、
恋はどんなに溺れても、直接身体を蝕むことはない。
さらに、うまく使えば、人を救うこともある。
適切につきあうことができれば、
恋は素晴らしい人生の治療薬となるだろう。

ジャン・コクトー
1889年7月5日生まれ。フランスの芸術家。詩や小説、映画など幅広い分野で活躍した。代表作は、小説では『ポトマック』『怖るべき子供たち』、映画では『美女と野獣』『オルフェ』など。その前衛的な活動は、当時の日本人にも大きな影響を与えた。1963年没。

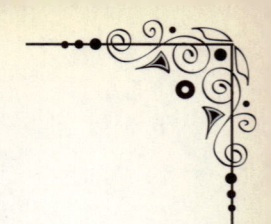

私が生まれたのは、すでに二十四年生きたあとだった

ジャン・マレー

『ジャン・マレーへの手紙』

（東京創元社）より

人の細胞は、日々生まれ変わっているという。
同じように、人の心だって生まれ変わるものだ。
恋を知った少女が憧れの人のために女になろうとするのは、
まさに生まれ変わりといってもよい。
たったひとつの出逢いが、すべてを塗り替えてしまうのだ。
これまで知らなかったことを知り、
考えもしなかったことを考え、
好きな映画や音楽、言葉、
ファッションだってどんどん変わってゆく。
人は恋をするたびに生まれ変わる生き物なのだ。

ジャン・マレー
1913年12月11日生まれ。フランスの俳優。ジャン・コクトーの作品に出演したことをきっかけに、コクトーと親交を深める。主な出演作に『魅せられて』『美女と野獣』『オルフェ』などがある。コクトーからマレー宛てに送られた手紙は生涯で600通を超える。1998年没。

ぼくはただ君と寝たいと思っているだけじゃないんだ、君と一緒に生活したい、夏休みに君とどこかへ行きたい。二人ともきっととても幸福で、とても仲よく暮らせるよ。ぼくは君に海を教えてあげよう、それからお金というものや、自由のある一つの形をね、二人とも退屈しないように

フランソワーズ・サガン

『ある微笑』

（世界文学全集／新潮社）

もしも相手が自分と恋をしたら、
どんな風に幸せにするかを、
具体的にイメージさせてあげることは大切だ。
ただ、単純に「好き」だと伝えても、
相手が気持ちのすべてを読みとってくれるかはわからない。
恋は刺激的なものだが、裏を返せば「危険」ともとれる。
ならば、その危険を払拭して、
明日も、明後日も、
明るい生活が待っているという保証をしてあげるのだ。
そうすれば、安心して飛び込んでくれるだろう。

フランソワーズ・サガン
1935年6月21日生まれ。フランスの小説家、脚本家。1954年、ソルボンヌ大学在学中の18歳で『悲しみよこんにちは』を発表。映画化もされ、世界的なベストセラーとなる。その後も『ある微笑』『ブラームスはお好き』など、数々の人気作を世に送り出した。2004年没。

あの、ほんとに馬鹿みたいな話なんだけど、いつも夢に出てくる女の人に、あなたがあまりにも似てて……

吉田修一

『女たちは二度遊ぶ』（角川文庫）より

ときどき、名前も知らない人なのに、すれ違ったときに
「あの人、前にも見たことある」
と思う経験はないだろうか。
恋をしたいなら、理論でなく、直感に任せるといい。
根拠なんてなにもなくても、
声をかけてみればよいのだ。
運命へつづく糸は、
どんなところにただよっているかわからない。
ふとしたきっかけで、その糸をたぐってゆけば、
それは恋の始まりかもしれないのだから。

吉田修一（よしだ　しゅういち）
1968年9月14日生まれ。小説家。長崎市出身。1997年、「最後の息子」で、第84回文學界新人賞を受賞、作家デビューする。2002年には「パーク・ライフ」で、第127回芥川賞を受賞。主な作品に、『ランドマーク』『東京湾景』『悪人』などがある。2016年に芥川賞の選考委員に就任する。

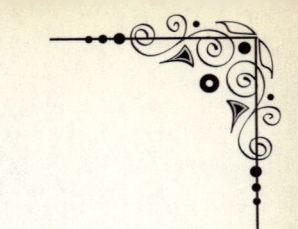

今夜はひどく酔っているんだ。男が酔いすぎたとき、
どうなるか、君は知っている筈じゃないか

吉行淳之介

『原色の街』
（原色の街・驟雨／新潮文庫）より

酔った勢いで愛の告白をされたことがあるだろうか。
お酒の上での言葉なんて、
本気だとは思えないかもしれない。
だが、人はそんなに強い生き物ではない。
想いが強いゆえに、あと一歩が踏み出せないこともある。
お酒を飲んでいたからって、
その愛が偽りだと決めつけてはならない。
それに、きっとお酒にたよらなければならないほど、
相手はあなたとの恋に酔っていたのだ。

吉行淳之介
（よしゆき　じゅんのすけ）
1924年4月13日生まれ。小説家。岡山市出身。1954年『驟雨』で芥川賞を受賞。代表作は『原色の街』『砂の上の植物群』など。純文学作家として数々の文学賞の選考委員を務めた。同時に随筆家としても名高く、多くのエッセイも残している。1994年没。

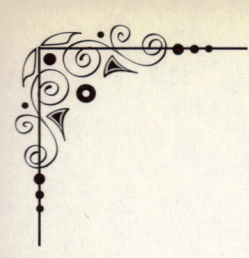

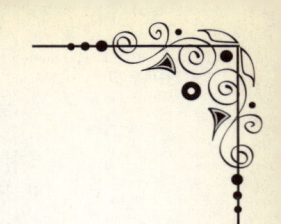

別れろよ、とにかく。そして俺と付き合えばいい

北方謙三

『跳ぶ夜』

（抱擁―北方謙三恋愛小説集／徳間書店）より

恋は先手必勝のゲームではない。
好きになってしまった人がすでに誰かのものだったとき、
みすみす身を引く必要はないのだ。
先に出逢ったからといって、
一番幸せにできる相手とは限らないし、
後から現れたからといって、
泥棒呼ばわりされる筋合いはない。
惚れさせたら勝ちというだけの、単純なルールだ。
勝利した者は、相手のことを幸せにする権利を得られる。

北方謙三（きたかた　けんぞう）
１９４７年10月26日生まれ。小説家。佐賀県唐津市出身。１９８１年『弔鐘はるかなり』でデビューを果たす。ハードボイルドな作風で知られる。近年は『三国志』『逃れの街』『檻』などの歴史小説や時代小説も多数発表している。

カムパネルラ、また僕たち二人きりになったねえ、どこまでもどこまでもいっしょに行こう。僕はもう、あのさそりのように、本当にみんなの幸のためならば僕のからだなんか百ぺん灼いてもかまわない

宮沢賢治

『銀河鉄道の夜』より

世界は誰かの奉仕の上に成り立っている。
誰かがどこかで優しさをわけ与えてくれているから、
誰かが不幸にならずに済んでいる。
それは、想いあうふたりのあいだでも同じことだ。
相手が疲れていると思えば、家事を済ませておいたり、
落ち込んでいると思えば、さりげなく好きな料理を作ったり。
優しくするきっかけはどこにでもある。
自分が疲れているときも、
もしかしたら相手はもっと疲れているかもしれない。
そう考えられると、幸せの総量は増えてゆくだろう。

宮沢賢治（みやざわ　けんじ）
１８９６年8月27日生まれ。
詩人、児童文学者。岩手県出身。
盛岡高等農林学校卒業。『銀河鉄道の夜』『風の又三郎』『セロ弾きのゴーシュ』などの童話から、『春と修羅』という詩集も残している。有名な詩『雨ニモマケズ』は晩年に病床で書かれたもの。１９３３年没。

作家索引 *index*

（外国人名は姓に準じて記載）

あ

か

さ

た

な

は

ま

や・ら・わ

あとがき　*epilogue*

もっともロマンチックな言語は日本語である。

恋をしなくても、人は生きてゆけます。恋をしなくても、お腹が空くわけではないし、病気になるわけでもありません。それなのに、世の中にある多くの書物や音楽が恋を題材にしています。きっと、恋は人間の創作意欲をもっともかき立てるものなのでしょう。恋をすると、人は誰でも詩人になりたくなるのです。

生まれてから、恋について一度も考えたことのない人はいないのではないでしょうか。よくも悪くも、人生と恋とは切っても切れない関係なのです。

もちろん、人生の中でなにに重点を置くかは人それぞれです。恋になど見向きもせず、勉強や仕事に打ち込む人もいれば、恋に人生のすべてを賭けている人もいるでしょう。生活や、世間体のために恋をする人もいるかもしれません。ただ、恋をしたことのない人は、恋ができないのではなく、まだ恋をしていないだけなのです。

本文中でも触れましたが、「運命」なんて言葉は、「タイミング」と言ってしまえば大したことのないように聞こえるはずです。たまたま一度目の恋を早く済ませただけで、恋なんて所詮（しょせん）こんなものだと妙に冷めてしまったり、たまたまそのタイミングが少し遅れているだけで、自分には恋なんて向いてないとあきらめてしまったりするのは、非常にもったいないことです。恋が予定通り到着するものだとは思わないでください。恋はいつも、早すぎるか遅すぎるかのどちらかなのです。「よし、恋をするぞ」と思い立って、翌日に運命の人とめぐり逢えるなんてことはありえません。

どんなに準備をしても、どんなに勉強をしても、理論だけでは対処できないのが恋の面白さであり、恐ろしいところでもあります。スリルや興奮のために数多くの恋を経験する人もいれば、欲求や好奇心よりも、孤独でいることの安寧を選ぶ人もいます。いずれにせよ、常に「傷つくかもしれない」というリスクを背負うことになるから、人は恋の前で臆病になってしまうのです。

恋は楽しいものであると一概には言えませんし、切ない恋や、後ろめたい恋も珍しいものではありません。季節によって葉の色が変わるように、一度の同じ恋の中でも、楽しい時期があれば、苦しい時期もあるのです。しかし、どんなに恋の痛みを知った後でも、人は決して恋を忘れません。美しい思い出や人肌のぬくもりは、いつまでも後ろ髪を引くものなのでしょう。そして、恋の痛みを癒せるのは、やはり次の恋だけなのです。

本書では、１００人の作家による１００通りの愛の表現をご紹介しました。ストレートに突き刺さる表現もあれば、作家らしい個性の光る一節や、歯の浮くようなキザな台詞もあったと思います。しかし、ひとつとして同じ言葉はありません。どの作家の、どの作品の、どの一節を引用するかは、完全に私の独断で選定しました。もちろん、ここに収まっている言葉だけがすべてではありません。作家の数だけ、表現の種類がありますし、ひいては人の数だけ、表現の種類があると思います。そして、それを受け取る側の数だけ、解釈の可能性も広がってゆきます。引用した言葉には、ひとつひとつ私のコメントを添えていますが、すべて直感によるものです。同じ文章を読んでも、ちがう受け取り方をする人はいるはずです。特にそれぞれの作家・作品のファンの方には、全然的はずれなことを言っていると、叱責されるかもしれません。しかし、各々のそうした感性のずれこそが、文化を盛り上げてゆくものだと思っています。

〝I Love You〟の訳し方なんて、学校では教えてくれるものではありません。それは決まった答えがないからです。短い台詞で伝えるもよし。情念を込めて長い手紙を書くもよし。相手をなにかにたとえてみるもよし。その答えは、人それぞれ自分の中に、すでに持っているものなのです。

日本語では、たった一文の英語を、何通りにでも翻訳することができます。日本人は奥ゆかしいと言われますが、心のうちに秘めた情熱は、どんな国にも負けていないと思います。そのことは、文学を始めとする、古くから残されてきた芸術の中で証明されています。日本語は、実はもっともロマンチックな言語なのかもしれません。

「愛してる」と言い飽きたあなたへ。

どうぞ本書をきっかけに、自分なりの〝I Love You〟を考えてみてください。

望月竜馬

本書では、なるべく原文を尊重しつつ文字表記を一部、読みやすいものに変えています。
旧仮名遣いで書かれているものは現代仮名遣いに、旧字で書かれているものは新字に改め、
読みにくいと思われる漢字にはルビ（ひらがな）をつけました。

望月竜馬
Ryuma Mochizuki

編集者・ライター・ロマンチスト。

大分県出身。情熱と少しの手荷物を持って22歳で上京する。幼い頃、いちばん落ち着く場所は図書館だった。いまは薄暗い酒場である。

ジュリエット・スミス
Juliet Smyth

東京在住のアーティスト。イラスト絵画を中心に、愛する喜びをテーマにした作品を描く。シンプルな線の絵に、自身で紡いだ詩を添えた形でTwitterに掲載。2016年6月"A Sweet Story"展開催。

Twitter: @juliet_smyth

I Love Youの訳し方

2016年12月24日　第1刷発行
2017年 2月14日　第3刷発行

著　者　望月竜馬
イラスト　ジュリエット・スミス
発行者　柳谷行宏
発行所　雷鳥社
〒167-0043
東京杉並区上荻2-4-12
TEL 03-5303-9766
FAX 03-5303-9567
HP http://www.raichosha.co.jp/
E-mail info@raichosha.co.jp
郵便振替　00110-9-97086
印刷・製本　株式会社　光邦
編集・ブックデザイン　望月竜馬
編集協力　森田久美子
ロマンスアドバイザー　中村徹
SpecialThanks　素敵な愛の表現を生み出してくださった作家のみなさま

ISBN 978-4-8441-3716-0 C0095